文化
瑰宝

青铜器

文化瑰宝编委会　编著

中国大百科全书出版社

图书在版编目（CIP）数据

青铜器 / 文化瑰宝编委会编著 . -- 北京 ： 中国大
百科全书出版社，2025. 1. --（文化瑰宝）. -- ISBN
978-7-5202-1697-5

Ⅰ . K876.41-49

中国国家版本馆 CIP 数据核字第 20254FG679 号

总 策 划：刘 杭 郭继艳
策划编辑：刘翠翠
责任编辑：刘翠翠
责任校对：闵 娇
责任印制：王亚青
出版发行：中国大百科全书出版社有限公司
地 址：北京市西城区阜成门北大街 17 号
邮政编码：100037
电 话：010-88390811
网 址：http://www.ecph.com.cn
印 刷：唐山富达印务有限公司
开 本：710mm×1000mm 1/16
印 张：10
字 数：100 千字
版 次：2025 年 1 月第 1 版
印 次：2025 年 1 月第 1 次印刷
书 号：ISBN 978-7-5202-1697-5
定 价：48.00 元

——— 总　序

这是一套面向大众、根植于《中国大百科全书》第三版（以下简称百科三版）的百科通俗读物。

百科全书是概要记述人类一切门类知识或某一门类知识的完备的工具书。它的主要作用是供人们随时查检需要的知识和事实资料，还具有扩大读者知识视野和帮助人们系统求知的教育作用，常被誉为"没有围墙的大学"。简而言之，它是回答问题的书，是扩展知识的书。

中国大百科全书出版社从 1978 年起，陆续编纂出版了《中国大百科全书》第一版、第二版和第三版。这是我国科学文化建设的一项重要基础性、标志性、创新性工程，是在百年未有之大变局和中华民族伟大复兴全局的大背景下，提升我国文化软实力、提高中华文化国际影响力的一项重要举措，具有重大的现实意义和深远的历史意义。

百科三版的编纂工作经国务院立项，得到国家各有关部门、全国科学文化研究机构、学术团体、高等院校的大力支持，专家、学者 5 万余人参与编纂，代表了各学科最高的专业水平。专家、作者和编辑人员殚精竭虑，按照习近平总书记的要求，努力将百科三版建设成有中国特色、有国际影响力的权威知识宝库。截至 2023 年底，百科三版通过网站（www.zgbk.com）发布了 50 余万个网络版条目，并陆续出版了一批纸质版学科卷百科全书，将中国的百科全书事业推向了一个新的高度。

重文修武，耕读传家，是我们中国人悠久的文化传承。作为出版人，我们以传播科学文化知识为己任，希望通过出版更多优秀的出版物来落实总书记的要求——推动文化繁荣、建设中华民族现代文明，努力建设中国式现代化强国。

为了更好地向大众普及科学文化知识，我们从《中国大百科全书》第三版中选取一些条目，通过"人居环境""科学通识""地球知识""工艺美术""动物百科""植物百科""渔猎文明""交通百科"等主题结集成册，精心策划了这套大众版图书。其中每一个主题包含不同数量的分册，不仅保持条目的科学性、知识性、准确性、严谨性，而且具备趣味性、可读性，语言风格和内容深度上更适合非专业读者，希望读者在领略丰富多彩的各领域知识之时，也能了解到书中展示的科学的知识体系。

衷心希望广大读者喜爱这套丛书，并敬请对书中不足之处给予批评指正！

《中国大百科全书》编辑部

——— "文化瑰宝"丛书序

在浩瀚的历史长河中，中华文化犹如一颗璀璨的明珠，熠熠生辉，照亮了人类文明的天空。从《诗经》《楚辞》到四大名著，从丝竹之音到青铜乐器，从华夏衣冠到山水画卷，中华文化以其丰富多彩、博大精深的特质，吸引着世界的目光，成为世界文明史中重要的瑰宝。

为了全面、系统地展示中华文化瑰宝，让读者更好地领略其深厚底蕴与独特韵味，编委会依托《中国大百科全书》第三版中国文学、哲学、中国历史、设计学、音乐学、文物学、考古学、美术学等学科内容，组织策划了"文化瑰宝"丛书，编为《典籍》《民族服饰》《乐器》《青铜器》《画作》等分册，图文并茂地介绍了相关知识。

《典籍》分册带领读者走进中国古典文献的殿堂，领略古代先贤的智慧与思想。内容涉及儒家经典、道家经典、史书、诗集、戏曲、小说、农学、地理等，种类多元，展现了中国古人的思想观念、历史发展、生活方式等。

《民族服饰》分册详细介绍了中国 56 个民族的服饰种类（男装、女装的不同，不同年龄阶段的服饰等）、服饰色彩和服饰纹样，让读者能够直观了解各个民族服饰的特点。同时，通过服饰的样式和发展过程，从侧面展现了中华各民族服饰文化的传播交流、融合发展和兼收并蓄。

《乐器》分册介绍了体鸣乐器、膜鸣乐器、气鸣乐器、弦鸣乐器四大类乐器，包括中国古代乐器、中国弹拨乐器、中国打弦乐器、中国拉弦乐器、中国吹奏乐器、中国打击乐器，从历史、构造、种类、演奏技法、曲目等角度深入浅出地普及乐器文化知识。

《青铜器》分册梳理了青铜器的历史发展脉络，介绍和展现了当前留存的青铜礼器、青铜乐器等稀世珍品，并介绍了青铜器的制作工艺。透过一件件青铜珍宝，再现古人的劳动智慧和高超技艺。

《画作》分册主要介绍了画作种类、秦汉魏晋南北朝绘画、隋唐绘画、五代绘画、宋辽金绘画、元代绘画、明代绘画、清代绘画、近现代绘画。分析了经典画作的艺术风格和技法特点，全面梳理了中国绘画的辉煌历程，是一部跨越千年的中国绘画艺术史。

"文化瑰宝"丛书的出版，不仅是对中华文化的一次梳理与展示，更是对中华民族精神的一次深刻诠释与弘扬。我们希望通过这套丛书，能够让更多的读者了解中华文明，从而传承与发扬这份宝贵的文化遗产。因受篇幅限制，仅收录了相对常见或具有代表性的类别。未来，我们将继续致力于中华文化的挖掘与传播工作，不断推出更多优秀的文化产品，为弘扬中华民族优秀传统文化贡献我们的力量。

文化瑰宝丛书编委会

目 录

第 1 章　青铜时代　1

第 2 章　青铜珍品　31

第3章 藏在遗址里的青铜器 131

第4章 青铜器制作工艺 143

第1章

青铜时代

青铜器

　　青铜器是中国古代以青铜制作的各种器物。人类使用铜器是以锤打或锻制天然铜（红铜）制作小型器物或装饰品开始的，时代距今约万年。青铜一般是红铜与锡的合金，但也常含有少量的铅。以锡铅的不同含量，青铜又有纯铜型（含红铜大于90%，锡小于2%，铅小于3%）、铜锡型（含锡大于3%，铅小于2%）、铜锡铅型（含锡大于2%，铅大于3%）、铜铅型（含锡小于2%，铅大于3%）的区别。在红铜中加入适量的锡，可以降低熔点，提高硬度。红铜的熔点为1084.5℃，若加入25%的锡，合金的熔点便降为810℃；若青铜的含锡量为10%，则硬度就是红铜的4.7倍。并且，青铜在冷凝时，体积略有膨胀，这令铸件气孔较少而表面光洁细腻，又增加了器物的美感。

◆ 起源与发展

　　中国的青铜器起源于新石器时代晚期，在龙山文化、齐家文化等黄河流域的新石器文化的晚期地层里，都曾发现早期的铜质工具或用品，它们中的一些是以天然铜矿石打造的红铜器，但也有一些属于合金冶铸的青铜器。尽管中国并不是最早冶铸青铜器的国度，但中国的青铜器不仅拥有独立的起源，发展也自成系统。从公元前 21 世纪到公元前 5 世纪的夏商西周和春秋时期是中国的青铜时代，青铜器不仅代表了最尖端的生产技术，是最重要的人造物品，青铜礼乐器还凝聚了社会的思想观念，展现着人们的精神信仰，联系着宗法制度和等级制度，占据着时代文化的核心位置，其设计浸透了人虔敬的信仰和强烈的感情。

龙纹青铜方觚（商晚期）

中国青铜器的发展主要在夏商周时期，延续 20 多个世纪。夏商周时期，贵族统治者用于祭祀、朝聘、婚丧、征伐等活动的青铜器，主要有炊食器、酒器、水器等礼器和乐器，亦通称为"彝器"。由于食器中的鼎和乐器中的钟具有特殊地位，因此古人也以"钟鼎"作为三代青铜器的通称。

中国青铜器的发展可分为 5 个时期。

①初期。夏代二里头文化遗存已出现了以复合范制造的青铜爵等酒器，和以绿松石镶嵌成饕餮纹的精美青铜

三星堆青铜面具（商）

牌饰。

②商代中后期至西周前期，是青铜器艺术发展的第一个高峰时期。公元前1300年，商王盘庚迁都于殷（今河南省安阳市），后三传至武丁。这一时期，青铜器在冶炼、铸造和艺术设计上达到高度成熟，出现了像司母戊鼎一类商王室铸造的重器，以其庄严的造型和神奇瑰丽的纹饰成为商王朝政治力量、经济力量的象征之物，以祭祀用的酒器为主的各种青铜器形成相当完备的造型体系。器身上的装饰由单层的减底平刻发展为"三层花"的复杂纹饰。流行的纹饰主要有饕餮纹（兽面纹）、夔纹、龙纹、凤鸟纹、云雷纹等。商代青铜器中造型最为瑰奇的是人和各种鸟兽形酒器，四川广汉古蜀人文化遗存出土了青铜人像和数量众多的人头像和人面具。

公元前1046年建立的西周王朝，在其发展初期，青铜器制造继承商代而又有所发展。1949年前的陕西周原地区、1949年后的陕西长安附近和河南洛阳等地，都发现很多具有重要历史价值和艺术价值的西周青铜器遗存。

③西周中期以后为西周青铜器风格成熟期。西周时期，青铜器作为礼乐制度和宗法等级制度的物化形式，器物种类逐渐由重酒器的组合变化为重食器的组合，鼎、簋等食器和钟、镈等乐器特别受到重视。青铜器纹饰流行窃曲纹、波纹等图形，铭文字数愈来愈多，为西周青铜器的断代研究创造了条件。西周青铜器总的审美特色由奢丽趋向于和谐、典雅。

西周后期，由于宗法制度的动摇和经济实力的衰退，青铜器铸造明显退步,西周青铜器艺术风格延续到春秋早期。

④春秋中期到战国时期为东周青铜器风格盛期。春秋中期以后,青铜器铸造中心不再集中于周王室,而是分散到各诸侯国家,并由此形成鲜明的地域性特色。

东周青铜器随社会风尚的变化而改变了其精神内涵。"钟鸣鼎食"成为贵族豪华生活的时代风尚。失蜡法铸造、镏金、错金银等新技艺为青铜器制造的精进提供了条件。乐器、车马器、灯具、铜镜、带钩等器物得到突出发展。流行的纹饰如蟠螭纹、蟠虺纹是以捺印法制作的。

曾侯钟（战国早期）

⑤青铜器发展的尾声。秦汉以后,青铜器在贵族生活中的应用缩小,在许多方面逐渐为金银器、漆器、瓷器等所取代,生活奢侈品承袭战国以来的风气,向豪华奢丽的方向发展,而一些实用器物则趋向于单纯和实用。

东周秦汉时期,西南古滇族制作的青铜贮贝器、线盒、铜枕、葫芦笙、扣饰等器物,运用失蜡法、焊铸等技法,以群雕与浮雕相结合,表现祭祀、战争、生产劳动、贸易等丰富的现实生活场景;北方草原游牧民族的青铜圆雕和透雕饰牌表现了惊心动魄的战斗、狩猎等活动,创造了独具特色的强悍艺术风格。都成为此一时期青铜艺术的亮色。

◆ 工艺

青铜器大多采用模范铸造方法成形。模范主要是陶范,也有少数使用石范。礼乐器的制作至少要经过制内模、制外范、制内范、合范、浇铸、修整6道工序，青铜器大多是先分铸，后套铸或合铸的，如圆雕性的附件、提梁等可活动的部件，一些器物的耳或足等，均不能一次浇铸完成，

青铜羊灯（西汉中期）

必须先铸成后，再与器物主体二次铸造。夏商西周青铜器的铸造大抵如此，到春秋中期，又出现了以失蜡法为代表的新铸造方法。失蜡法是一种现代仍在使用的金属器精密铸造方法，其内模多以蜂蜡制成。于蜡模上敷泥为外范，并留出浇铸孔，待外范稍干，高温焙烧，蜡由浇铸孔排出，此时，范内已成和蜡模一样的空腔，由浇铸孔注入铜液，冷却后，剥去外范，即得铸件。

夏－商－西周青铜器

夏－商－西周青铜器是中国夏、商、西周时期铸造的青铜器。

◆ 夏代青铜器

青铜器在夏已经初具规模，《左传》宣公三年（前606）载，夏人曾以青铜"铸鼎象物"。在河南偃师二里头遗址属于夏代晚期的地层里，不仅发现了形制较复杂的青铜工具、兵器，还有成组的青铜礼器和多个精致的嵌绿松石兽面纹牌饰。而兽面纹到商成为主要的装饰纹样。

◆ 商代青铜器

入商，青铜器数量逐渐增多。郑州曾是商早期的都城，出土的商早期青铜器最多。礼器已形成较完整的系统，组合以觚、爵、斝为中心。酒器、饪食器及水器都有相当数量的发现，其中酒器数量最多。作为食器的鼎，其重要地位已经显现，有些形体很大，特别是方鼎。合范技术已相当高超，器壁薄而均匀。与夏代青铜器较少装饰不同，器物多施装饰，中小型器的装饰常十分精细，兽面纹是流行的装饰主题，夸张变形的图案面貌、神秘诡异的风格特征已经显露。商中期，由于王室争斗不断，"诸侯莫朝"，青铜器的出土地分散在许多地方。器物明显较前期厚重，礼器更加丰富，装饰转为满密繁缛，纹样也不再满足于平面化，兽头等高浮雕、圆雕性的装饰已经出现在尊等大型器物的肩部。

由盘庚迁都于殷（前1300）开始的商晚期，青铜器逐渐发展到极盛，大型器物数量颇多，以觚和爵为代表的酒器更发展到极致，体现了商代朝野嗜酒的风气。作为礼器的中心，鼎的体量尤其巨大，最著名的是司母戊鼎，它是现存中国古代体量最大的青铜容器。簋是另一种极重要的礼器，数量也较多。一些器物的部件可拆卸，或能转动。造型或方或圆，往往由凸起的扉棱和圆雕性的装饰构成复杂的空间变化，在威严之中透露神奇。装饰通常追求满密，强调立体效果，常形成以兽面纹为中心的3层花纹。

兽面乳钉纹方鼎（商）

动物纹是装饰的主体，其中的一些源自现实，但虚幻的更多见。猜测造器者有努力调动造型、纹饰等各种因素以渲染神秘诡异气氛的意图。器胎往往极为厚重。商晚期的青铜器大量发现在王都所在的殷墟，妇好墓中出土的青铜礼器、兵器、工具、杂器、乐器多达 468 件。

◆ **西周青铜器**

西周早期，青铜器仍在营造威严神秘的气氛，但严禁贵族群饮酗酒的法令使酒器数量锐减，食器数量增加，簋和鼎一道，成为礼器的中心。这个时期的青铜器制作更精美，样式也更丰富，装饰也有新气象。装饰的新气象主要表现于商已有的牛头和凤鸟题材数量增加，前者应与周族古来的农耕传统有关，而后者往往极其华美，与周族的图腾凤有关。晚商，青铜器上若有铭文，一般仅寥寥数字，多者也不超过 50 字，进入西周则普遍加长。西周早期，铭文数十字者屡见不鲜，上百字者也为数不少，铭文最长的是西周晚期的毛公鼎，达 497 字。铭文不仅会记述缺载的重要史实，还能为青铜器的断代提供依据，而其本身还是精妙的书法艺术。

"旅父乙"觚（西周早期）

西周中期，青铜器的新风貌发展成熟，以食器为中心的礼器组合逐渐完备，并涌现出簠、盨等新器形，水器的地位上升，许多酒器则相继消失。因为列鼎制度的产生，又开始铸造成组配套的编钟。与西周人薄鬼神而重礼仪的观念相联系，造型不再追求复杂的空间变化，而趋向规矩整齐，器壁趋于轻薄，简单朴素是装饰的大潮流。兽面纹慢慢简化，窃曲纹和多种带有几何化倾向的纹样成为时代的典型，二方连续则是有代表性的构图方式。不论造型、装饰都充满理性，表现出对严整单纯的追求。到晚期，青铜器的种类减少，造型趋于统一，装饰在简洁疏朗之中显露出单调。

"伯多父"盨（西周晚期）

在商和西周的偏远地区，也常有发达的青铜艺术或独具特色的器物群。在湖南宁乡一带，多次发现无组合关系的晚商酒器，器物常极其精美，而写实的造型与装饰颇具代表性。在四川广汉三星堆的两古蜀国祭祀坑里，出土青铜器逾600件，它们不仅显示出惊人的造型能力，而且其形体极其巨大。在江西新干大洋洲，出土青铜礼器、乐器、兵器和工具480余件，其中，鼎达31件，最大的方鼎高97厘米。其中，当地的制品颇粗犷，而来自中原的器物很精美。

虢国青铜器

虢国青铜器是虢国地区出土的青铜器。

1956～1957年，河南省三门峡市上村岭发掘了234座虢国墓葬，其中38座有铜器出土，共计181件礼乐器，其余是兵器和车器。墓群中1631号、1052号等墓所出青铜器上的铭文证明器主为虢国贵族，从而也证明了上村岭墓群为虢国墓葬。1631 号墓所出一鬲，器主为"虢季氏子段"，当与旧著录一件鼎铭"虢文公子段"为同一人，器属西周晚期宣王时的西虢。西虢青铜器旧有陕西宝鸡虢川司出土的"虢季子白盘"。1631 号墓所出的这件鬲，说明了当地的虢确如《水经·渭水注》所载，是西虢随周室东迁而更封的。1052 号墓规格最高，出有整个墓群中唯一的一套编钟和 7 件一组的列鼎，另有两件戈上铸有"虢太子元徒"铭文，可知其主人是虢国的太子。虢国从公元前 770 年东迁于此，至公元前 655 年灭于晋，上村岭器群提供了中原地区东周初年青铜器断代的标准。从形制及铸造看，大部分是继承西周后期的，小部分则是东周初兴的。方甗上下分体，上甑下鬲，为上村岭器群首创而盛行于春秋中后期；鼎的基本形制是沿耳直立，三蹄足，腹作半球形，沿袭了西周后期的形制；钟在此时九件成编；簠创自西周后期而此期继用；簋、盘的圈足，豆的平底浅盘，壶的杯盖倒置，盂的扁圆都是改自西周后期而此期继用的；匜是此期盛用的。总之，这是两周之际器形演变的一个转折点。

昶伯铜匜

息国青铜器

息国青铜器是中国商周时期息国贵族铸造的青铜器。

息国有商息国与周息国之分。前者存续于商王朝时期；后者系周灭商后，居商代息之地，沿用其名，但以姬姓贵族统治的新息国。

商息始于何时无考，其青铜器包括发掘品和传世品两类。前者集中于今河南信阳罗山蟒张、天湖两村附近，已发现铭"息"字族徽的青铜器29件，主要是息鼎、息爵和息戈。安阳殷墟刘家庄南也出土过"息"字铭的铜觚、铜爵各1件。传世的"息"铭商代铜器约有20件，多是"乙息""息母""息庚""息辛"，皆典型商器称谓，可与甲骨卜辞中"息白""妇息"一类词条印证。此类铭"息"的铜器一侧证实商代息国与商都关系密切，二则说明商代息国所在地应在今河南罗山天湖、蟒张一带。商代息国青铜器目前只有带"息"字铭文者或其共存品的发掘品，实际上也应该包括其他一些无铭青铜器，只是甄别有一定难度。

周灭商后，西周王朝在商代息国的基础上重新建立了新息国。国君为姬姓。《左传·隐公十一年》载有"息侯伐郑"之事，即新建的息国所为。新息国沿袭商代息国旧地，或在其附近。河南息县发现有年代相当于西周－春秋时期的古城，面积约35万平方米，应其都邑。传世品青铜器有载息伯作器者。公元前680年，新息国为楚文王所灭。陕西京当王家嘴西周墓葬曾发现新息国青铜器。

类似"息"这种本有旧国，周灭商后改封新君、据其旧地、沿其国名者并不鲜见。汉水流域的曾国亦属其一。息国青铜器见证了商周交替期间这种独特的分封形式，具有独特价值。

芮国青铜器

芮国青铜器是中国陕西、山西两地出土的两周时期芮国贵族青铜器。

芮国是两周历史上重要的畿内姬姓诸侯国之一，封于周初武王时，灭于公元前 640 年。芮国铜器自宋代以来屡有问世。文献资料中能见到的传世器，共有 6 类 36 件，包括 17 件芮公器、7 件芮太子器（含 5 件芮太子白器），及芮伯、芮叔、芮姞、芮子仲等器，器类有鼎、簋、鬲、壶、钟、戈等。主要收录于《殷周金文集成》等书之中。这些芮器除芮公簋外，均无明确的出土年代与出土地点，年代以春秋早期为主，个别为西周晚期。20 世纪 50 年代以来，陕西延长、武功，山东黄县，河南洛阳，山西绛县等地，先后零星出土了一些铭文带"芮"的鬲、簋等铜器，年代涵盖西周早、中、晚时期。

21 世纪以来，两处芮国都邑遗址先后发掘，集中出土了大量铜器。2005 ~ 2009 年，陕西省考古研究院等单位在陕西韩城梁带村发掘了 70 余座两周时期的墓葬，出土各类文物 3 万多件。其中墓地南区的 4 座带墓道墓地的发掘，出土了大量的青铜器，主要包括礼乐器、兵器、车马器三大类。礼器有七鼎六簋、五鼎四簋组合的食器，尊、卣、角、觚等酒器，编钟、钲等乐器。带铭文铜器 30 余件，内容直接含有"芮公""芮太子"的 15 件，间接与芮国有关的共有 12 件。此外，在国君夫人"仲姜"的第 26 号墓葬中出土了一组器形小巧、铸造精美的"弄器"，呈现了高级贵族女性的特殊器用风貌。2016 ~ 2019 年，对陕西澄城刘家洼遗址的 3 处墓地 100 余座墓葬进行了发掘。在 3 座大型国君（及夫人）墓葬和部分中型贵族墓中，出土了数以千计的各类青铜器。其中礼乐器多达百余件，10 件有铭文，所见人物包括"芮公""芮太子""芮行人""大师"等。

两遗址出土铜器年代均为春秋早期，主体器物风格、形制组合基本延续了西周晚期周文化铜器的特征，另有部分北方草原青铜器因素，如铜镦、虎型牌饰等。又因地处于秦晋两大国之间，似又受到东西两方面的影响，如列鼎均为附耳鼎，显示出对晋国铜器文化因素的吸收，而垂鳞纹鼎等则蕴含有秦国铜器文化因素。

总体而言，存世的芮国铜器的数量丰富，整体年代涵盖了西周与春秋早期400余年的时间。铜器铭文中众多芮公宗室人物的发现，及与其他国族地区往来的线索，大致勾勒出芮国的世系，丰富了芮国历史与文化的内容，为周代社会、民族交流、文化融合等研究提供了重要资料。

春秋战国青铜器

春秋战国青铜器即指中国春秋战国时期的青铜器。春秋战国时期，列国不断发生兼并战争，征战加强了地区之间的经济文化交流。随着周王室地位的衰落，经济文化中心转移到各地区，青铜器的铸造中心也由周王室转入一些主要的诸侯国，形成多元发展的局面。到战国中后期，突出地表现为由楚与秦分别代表的南方、北方两种不同的艺术风格。

变形蟠龙纹青铜敦（战国早期）

春秋、战国社会追求奢华，夸示财富，僭越成风，盛行厚葬。铁器的出现促进了生产力发展，镶嵌、焊接技艺的提高和失蜡法的应用，使青铜器铸造出许多精彩绝艳、巧夺天工的艺术品。青铜器制造的重点由以钟鼎为代表的礼器转入由铜镜、带钩、车马器等为代表的日用品，兵器也尤为发达。青铜器用途的变化引起自身性质的变化，也导致审美趋向的变化：追求品类多、体量大，制作技艺精巧、繁缛，追求豪华、富贵。青铜器逐渐成为贵族钟鸣鼎食、穷奢极侈生活的点缀品。

错金银狩猎纹铜镜（战国中期）

春秋、战国青铜器的代表作品大多出自王室和列国的贵族墓葬。河南省洛阳市孟津县平乐镇金村是周王室及附葬臣属的墓地，出土过很多重要的青铜器和各类精美艺术品，但大都流出国外。此外，还有山西大同市浑源县李峪村赵国墓，河南省新郑市的郑国墓、汲县（今卫辉市）山彪村魏国墓、鹤壁市辛村遗址、辉县市琉璃阁卫国墓、三门峡市上村岭虢国墓，河北石家庄市平山县中山国墓、保定市易县燕下都遗址，以及山东省曲阜市鲁国故城遗址等。中山国属北方白狄族所建立的国家，

错金银兽首形铜饰（战国）

中山王墓出土的重要铜器有249件，工艺精良，艺术成就很高。

南方的楚国和吴、越都是东周以后崛起的新兴诸侯国家。楚国疆域不断扩展，在安徽省淮南市李家孤堆，河南省信阳市、南阳市淅川县下寺，湖南省长沙市，湖北省荆

州市江陵县等地的楚墓都出土过具有楚文化特色的青铜器。深受楚文化影响的湖北随州曾侯乙墓所出青铜器总重量达 10000 千克，所出编钟和钟 镶 铜人、曾侯乙尊盘等是战国初期青铜器的杰出代表。

争雄于春秋后期的吴、越两国在铸造剑、矛等兵器方面达到极高的成就。西北地区的秦国青铜器制造继承着西周的艺术风格，秦兵器也很发达。在统一天下的过程中，秦文化与东方六国文化相互交融，奠立了后世中国传统文化的基础。秦王朝建立后，销毁天下兵器，铸成十二钟镶金（铜）人，在中国历史上成为青铜时代结束的形象特征。

晋国青铜器

晋国青铜器是中国春秋时期晋国制造的青铜器。

原有一些见诸著录及传世的器物，又有山西侯马新田故城一带墓葬的出土物及东南陶窑遗址中所出的制造青铜器的陶范等重要考古发现，从而揭示了春秋时期晋国青铜器的发展概况。宋代著录中有晋姜鼎 1 件，器主是晋文侯的夫人晋姜，作于晋昭侯在位时期（前 745～前 740）。此鼎附耳、浅腹、折沿，腹饰波曲纹，是典型的春秋初期的风格。侯马上马村 13 号墓是出土青铜器的重要墓葬，共出器物 180 多件，组合为鼎、鬲、甗、敦、簠、铺、方壶、鉴、盘、匜等，并有编钟及石质的编磬以及戈、矛等武器。其容器的组成，同洛阳中州路第二期的青铜器墓相近似。鼎有 7 件，形制不同，但皆附耳；敦为环钮，有三小足；铺有对称的两个环耳，这些特点均与中州路第二期类同。9 件编钟已是钮钟形式，是钮钟中相当早的一例。2 件鼎作者为徐王之子庚儿，据徐器序列其时代当为春秋中期偏晚，因此上马村13号墓应为春秋中、晚期之交的墓葬。侯马窑址出土陶范多达3万余块，其中可辨器形者有1000块以上，可以配套的有100多件，是研究晋国青铜器器类、风格和工艺的重要材料。其中属于早期的陶范纹饰较简素，以平面的蟠螭纹、绹纹为主，与晋公䀌上细密的平面蟠螭纹正相合。晋公䀌作于公元前537年，代表了春秋晚期的风格。晚期的陶范多有浮雕状纹饰，有的非常复杂富丽，与相传出土于河南辉县的一对赵孟壶和一对智君子鉴上的纹饰风格相同。赵孟壶铭文记与吴王会于黄池，事在公元前482年。智君子鉴上的浮雕状纹饰比赵孟壶更为发达，时代当更晚，铭文中的"智君子"可能就是公元前453年被韩、赵、魏所灭的智氏末一代智瑶。因此，这种浮雕状纹饰当起于公元前500年左右的春秋末期，盛行于战国前期。晋国青铜器铸作工艺在春秋列国中居于领先地位，侯马出土的陶范上的嵌错图像和浮雕状纹饰，显示了晋国青铜器铸作工艺的先进。

蟠龙纹方壶（山西侯马上马村13号墓出土）

楚国青铜器

楚国青铜器是中国先秦时期楚国制作的青铜器。

楚国是春秋战国时期幅员辽阔、国力强盛的南方大国，其青铜器因具有独特的形制而自成一系。楚国青铜器的发展大抵可分为 3 个阶段：第一阶段为西周晚期至春秋早、中期；第二阶段为春秋晚期至战国早期；第三阶段为战国中、晚期。第一阶段的楚国青铜器深受中原地区影响，形制上与中原器相似或相同，如楚公蒙钟等。春秋早期器物如湖北当阳赵家湖 8 号墓所出的 1 鼎 1 簋，形制上虽有自己的特点，但与中原地区西周晚期至春秋早期的同类器相似。春秋中期器如赵家湖 4 号墓、金家山 9 号墓、郑家洼子 23 号墓等所出的铜器，与同时期的郑国铜器极为相似，尤其是带盖的三足圆簋，形态几乎完全一致。第二阶段，楚国青铜器已形成自己的风格。这时重要的楚墓如春秋晚期的河南淅川下寺 1、2 号墓，战国早期的固始侯古堆 1 号墓和白狮子山 1 号墓、长沙浏城桥 1 号墓等，所出器物都极富特征，众多的圆腹鼎，足细高而外撇，至战国初期时腹更深、蹄足也更长而外撇，是中原所罕见而楚国所特有的；此外如爬兽鼎、罐形鼎、尊缶、盥缶等，也是楚文化的典型器物；纹饰则多繁缛的浮雕状花纹和立雕状的附加装饰（早于中原地区），已显示出楚器的特色。属于楚文化范围内的战国早期随县（今随州）擂鼓墩 1 号墓所出保存完好的 65 件编钟、繁复剔透的盘尊等器物极为精美，达到了这一时期青铜器制作的顶峰。第三阶段战国中期的楚国大墓，如湖北江陵藤店 1 号墓、望山 1 号墓和沙冢 1 号墓，湖南湘乡牛形山 1、2 号墓，河南信阳长台关大墓等，所出青铜器多为素面，时代属战国晚期。墓主可能是楚幽王。安徽寿县李三孤堆大墓所出器物却又有繁复美观的纹饰，可能与该墓属王陵有关。江苏无锡前洲出土的几件同时期的器物器形则比较简单，而且是全素面的。

燕国青铜器

燕国青铜器即指中国春秋战国时期燕国的青铜器。

周武王灭商后，封召公于北燕。西周燕国的青铜器在北京房山琉璃河及辽宁喀左马厂沟等地均有重要发现。春秋以后，燕国随着地方经济的发展，国力增强，到了战国时期，已成为北方大国，是七雄之一。青铜器的生产也有了很大发展。在河北易县燕下都发现了铸造兵器及钱币的青铜手工作坊遗址；在河北燕下都、承德八家子、北京呼家楼和韩家潭等地发现了燕国的刀币，甚至有的窖藏多达数百千克，这些都是当时燕国青铜冶铸业高度发达的反映。1966 年燕下都老姆台出土的青铜饕餮纹铺首，形体巨大，高达 74.5 厘米，宽 36.8 厘米。1970 年燕下都东贯城出土的青铜楼阙形饰件，下部方銎四面饰以浮雕镂空献禽、庖厨等纹饰，上部呈楼阁形，中为坐人，其侧有乐人，屋顶中间立二鸟，四脊有伏兽，结构复杂，生动地反映了燕国贵族的生活。尤其是 1982 年江苏盱眙南窑庄出土的战国中晚期燕国青铜器重金壶，肩腹部有镂空螭龙纠结状铜套，上面饰梅花，其上还有一道横箍及 4 个伏兽、4 个铺首衔环，细部饰以错金云纹，精巧富丽，代表了燕国青铜冶铸业的较高水平。

春秋、战国时期燕国的青铜礼器在北京通县中赵甫（今属河北廊坊）、河北燕下都、唐山贾各庄、涞水永乐店、承德平房等地均有发现，传世品有郾侯载簋、豆、重金区及杕氏壶等。而河北燕下都、北京昌平松园、怀柔水库等地燕国墓葬出土的陶质仿铜礼器也反映了当时燕国青铜礼器的情况。综合上述发现，春秋、战国时期燕国的青铜礼器与中原地区器物的类别和组合、器形与纹饰有着很大的一致性，如燕下都春秋

唐山贾各庄出土的鼎（战国）

晚期至战国初期墓 M31 随葬铜鼎 2 件、豆 1 件，唐山贾各庄战国初期墓 M18 随葬铜鼎、豆、壶、簋、勺、盘及匜各 1 件。它们的纹饰均以蟠螭纹为主，与中原地区相同。

由于所处地域的不同，燕国青铜礼器也有着自身的特点。①由于燕国地处北方，离成周较远，因而保存西周以来青铜礼器的传统特点较多。这种守旧的作风在纹饰上表现得最为突出，例如在鼎足的上部、鼎耳及盘耳上端平折部分仍多饰以饕餮纹。像燕下都 M31：1 铜鼎、M28：42 铜鼎及唐山贾各庄 M18：5 铜盘均是如此。这种仍旧喜欢饰以商周以来饕餮纹的作风，在燕下都及北京韩家潭等地出土的半瓦当上也有鲜明的反映。②在器形上也有其自身的特点，例如铜鼎，一般腹部较深，三足较高，但又与楚国的细高足不同；鼎盖较平而中

唐山贾各庄出土的嵌铜兽纹豆（战国）

部微凸,下部斜折成钝角,又与齐国的折为直角的平盖鼎不同。鼎的附耳多外侈,有的上端外折呈平耳。尤其是在唐山贾各庄及燕下都出土的平面呈椭圆形、颈部有两个圆环形附耳的鼎(或称为敦形鼎)以及双环耳圈足簋,均为其他地区所少见。③在纹饰上,春秋、战国时期燕国青铜礼器镶嵌的人物纹,其题材内容主要是狩猎纹,例如唐山贾各庄 M5 出土的狩猎纹铜壶,与中原地区的水陆攻战纹就不同。再有,在铜器上还常饰

唐山贾各庄出土的嵌赤铜狩猎纹青铜壶(战国)

以纽结之绚纹以及蹲兽纹、鸟纹、鱼纹等,这些可能与燕国和内蒙古、东北地区毗邻,受到北方少数民族文化影响有关。从春秋、战国时期各诸侯国的青铜礼器相比较而言,山西浑源李峪村出土的春秋晚期、战国初期青铜器与燕国青铜器比较接近,因此可以划分为一个类型,而和三晋、齐鲁、秦、楚的青铜器存在着较大的区别。

战国时期燕国青铜兵器出土与传世品较多。此外,在燕下都高陌村东等地还出土了铜镜及四山镜范,在燕下都第 22 号遗址、北京怀

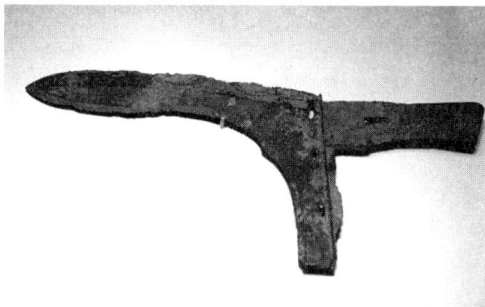

1973 年河北易县燕下都出土的"燕王职"青铜戈(战国)

柔水库战国墓、天津张贵庄战国墓等均出土了铜带钩，说明战国时期燕国青铜服饰器的生产也达到了一定的水平。

中山国青铜器

中山国青铜器即指中国春秋战国时期中山国的青铜器。

中山国是原在陕北的白狄，于公元前6世纪左右建立，虽然长期受中原文化影响，但至春秋战国之际仍保存着浓重的北方游牧民族的文化特点。郭沫若《两周金文辞大系图录考释》中著录的提链圆形"㚖氏壶"，是最早通过铭文明确论定为中山国的青铜器。以后相继于河北省行唐县李家庄、庙上村、黄龙岗、北城子、钓鱼台以及满城县采石厂、平山县访家庄、新乐县中同村等中山国地域内的春秋至战国早期（约公元前6～前5世纪）墓葬中，出土了许多青铜器。主要有鼎、甗、豆、壶、盘、匜、勺、剑、削、斧、凿等，有的墓还出有豆形釜、瓿、簋、敦、洗、舟、戈、匕、锥、锛、镞、马衔、铃等。伴随出土的还有北方民族特有的虎形镶松石金牌饰、弹簧状金环饰、松石串饰等。铜器花纹有蟠螭纹、蟠虺纹、云雷纹、勾连雷纹、络绳纹、绹索纹、乳钉纹、凸弦纹、垂叶纹、穷曲纹及镶嵌红铜和绿松石等。这些铜器造型浑厚，花纹精细优美，除饰以成组花纹外，纽、柄、流部还有兽面、鸟首、虎首等动物形象，并于目、鼻、口部镶嵌绿松石。鼎均有盖、附耳，深腹圆底，三兽足较瘦高，其中有代表性的如行唐庙上村出土的乳钉虺纹鼎、满城采石厂出土的蟠虺纹鼎、新乐中同村2号墓出土的勾连雷纹鼎等。豆形釜可以行唐李家庄出土者为代表，双直耳，口微敛，深腹稍鼓，圆底，喇叭状座，器表附有烟炱，是北方民族特有的一种炊具。铜壶也很有特色，行唐李家庄出土的络绳纹双环耳壶和提梁匏壶，形似葫芦，造型质朴；行唐县北城子出土的环耳蟠螭四兽纹圆壶和环耳络绳纹扁方壶，不仅两肩有环耳，而且盖的两边和下腹部均有立环或铺首衔环，以便绳索网络，盖上二环可贯穿络绳提网以免壶盖脱落，保持着游牧民族用器适宜游动携带的特点。唐县北城子出土铜盘内饰鸟鱼相追逐纹，匜流作鸟头、兽头形，均构思奇巧，富有情趣。北城子所出络绳蟠虺纹四兽面环耳瓿，器形较大，花纹精致，是少有的珍品。

战国时期的中山国青铜器以河北平山三汲中山王墓的出土物为代表，有鼎、鬲、簋、盒、豆、壶、盉、盘、匜、勺、匕、刀、箕、筒形器、鸟柱盆、灯、方案、神兽、编钟、铙、铎、屏座、帐构、兵器、车马器、山字形器、兆域图版等，其中很多铜器上有刻或铸的铭文，特别是铁足大鼎、夔龙饰方壶和一圆壶均有长篇铭文，共计1099字，填补了中山国的历史空白，并明确了制器时间约为公元前321～前314年。器上纹饰除横铸蟠螭、蟠虺、云雷纹外，还有错金银、错红铜、填漆、嵌松石或玻璃等。其铸造方法除浑铸外，还有嵌铸、铆接、焊接、铸接和失蜡法等。有的器物造型结构复杂，有的器物转轴可自由转动且毫无缝隙，有的花纹细如毫发，有的动物形象自然逼真，反映出其铸造工艺的进步。山字形器为中山国所独有，器上部呈"山"字形，向上出3支尖锋，两侧向下回转成透空雷纹，下部中间有圆筒状銎，可列于帐前或立于帐周，十分雄伟，是象征权威的一种礼器。

此外，平山中山王墓还出土了一批造型奇特的青铜工艺品，如：银首人形座铜灯，铸一男子昂首立于兽纹方座上，宝石镶睛，两臂张开，手握双螭，身上挺托一圆柱顶一灯盘，沿柱有夔龙戏猴，十分传神；错金银龙凤方案，器身下有梅花鹿两牡两牝环列侧卧，共托一圆环，环上4条神龙分向四方，龙间尾部纠结处各有一凤，龙首顶斗拱，承一案框，结构复杂，是已知最精致的战国青铜器；鸟柱盆，盆内底部爬有一鳖，背立圆柱，柱顶有一猛禽，双爪抓着纠结的双蛇头部，形态逼真；错银双翼神兽，昂首扭向一侧作咆哮之状，两肋生翼，四肢弓屈，利爪撑地平稳有力，全身以漫卷云纹为饰，增强了神兽的神秘效果；错金银虎噬鹿，作一猛虎抓扑小鹿状，猛虎的凶悍、小鹿的努力挣扎，表现得十分传神。这批青铜工艺品保存着北方民族善于刻画动物造型的熟练技能，反映出中山国青铜工艺的族属特点。

薛国青铜器

薛国青铜器是中国山东滕州薛国故城出土的东周时期青铜器群。薛国任姓，据传是黄帝之后，在夏代为车正，在商为汤之左相，周武王克商后复封为薛侯，薛国故城为其东周时期都城。1978年，山东济宁薛国故城调查队在尤楼村东墓地发掘9座东周墓葬，均为竖穴土坑墓，其中1～4号墓规模较大，随葬品丰富。除3号墓被盗外，其余三墓铜器组合相对完整。

1号墓口长7.74米、宽4.7米，双棺双椁，有殉人坑。随葬品有铜、陶、玉、石和蚌器等1149件。青铜容器28件，分两组置于二层台上：铜鼎、壶、盘、匜排列一组，铜簠、鬲、簋排列一组，计有鼎8（列鼎7、陪鼎1）、簋6、鬲6、簠2、壶3、钘1、盘1、匜1。2号墓口长7.6米、宽4米，双棺双椁，有殉人坑。随葬品554件，青铜礼器置二层台上的木箱内，车马器置外椁室西侧，兵器、工具置外椁室东侧，玉石器散于人骨附近。青铜礼容器29件，计鼎8（列鼎7、方鼎1）、簋6、鬲6、簠2、壶3、钘1、盘1、匜1、小罐1。4号椁室被铁路叠压，仅发掘其北头的器物箱，箱内放置青铜容器36件，计鼎10（列鼎7、陪鼎3）、簋6、鬲6、簠2、壶3、钘1、鐎1、盘2、匜1、鉴1、鸟形杯3。此外，6号墓出土鼎1、豆2、钘1，9号墓出土鼎1、豆2、盘1、匜1。

以上诸墓出土铜器中，少有铭者。从2号墓所出的薛比戈和薛郭公子商微戈、3号墓所出的薛侯壶，可证薛国故城所出铜器应属薛国贵族所有。

1973年，山东滕州官桥镇狄庄薛城遗址出土4件春秋时期刻铭铜器，计薛子仲安簠3件和走马薛仲赤簠1件，也应属薛国青铜器。

从器物的种类、器型、纹饰上看，薛国青铜器与同时期中原地区青铜器保持较高的相似性，不同于周边东夷古国出土的青铜器（如莒国青铜器）。同时，薛国铜器装饰了许多鸟形饰件，如1号墓铜匜足部为立鸟形、3号墓提梁壶与4号墓铜鐎的盖顶都有立鸟、4号墓出土3件鸟形杯，都应是受东夷鸟崇拜的影响。

蔡国青铜器

蔡国青铜器是中国安徽地区出土的春秋时期蔡国青铜器。1955年，因治淮工程在安徽寿县西门内发现蔡侯墓，后组建寿县文物整理委员会对该墓进行发掘。据史书记载，周武王平定天下后，封叔度于蔡，是为上蔡。至周敬王时，蔡昭侯将都城迁至吴国的州来（今安徽凤台、寿县一带），被称为下蔡。安徽寿县蔡侯墓即代表蔡国的下蔡时期。

该墓为近正方形的竖穴土坑墓，南北长 8.4 米，东西宽 7.1 米，深 3.35 米。墓底有漆棺痕迹，墓主人骨骼已朽，可能有一殉人。墓室北部放置礼、乐器，其中东面整齐放置两排甬钟，西面为青铜容器；墓室南部以墓主人为中心，分布着车马器和兵器。该墓随葬青铜器多达 486 件，尤以制作精美的礼容器和乐器为世人瞩目。礼容器有鼎 19、鬲 8、簠 8、簋 4、敦 2、豆 2、铺 2、匕 15、方壶 2、尊 3、鐎 1、鉪 1、勺 2、缶 6、鉴 4、盘 4、匜 1、盆 3、瓢 4，乐器有甬钟 12、编镈 8、钲 1、镎于 1 等。多数铜器有铭文，可以根据自铭区分同类器物，如鼎类可以分为鼎、鼎、鼎，缶类可以分为奠缶、盥缶，豆类可以分为豆、筐。蔡侯墓出土青铜器深受楚文化影响，如鼎、缶等铜器，都是较典型的楚式铜器，部分器物的组合也与楚文化墓葬一致，可以归为广义的楚文化范畴。

根据铭文，这批铜器的主人为"蔡侯 龘（申）"，学术界多认为是蔡昭侯。据文献，蔡昭侯背叛楚国、亲近吴国，蔡迁都州来正是为了靠近吴国，蔡侯墓还出土有表示吴蔡联姻的吴王光鉴。不过，从蔡侯钟"左右楚王"铭文来看，蔡国仍为楚的属国，受其压迫。蔡侯墓出土青铜器是研究春秋晚期蔡国历史文化及其与吴、越、楚的关系的重要资料。

此外，蔡国铜器还散见于南方楚文化墓葬中，如河南南阳八一路 44 号楚墓中发现的两件蔡侯申簋，淅川下寺 3 号墓出土的蔡侯盘、匜，湖北宜城安乐坨楚墓出土的蔡侯朱缶，安徽淮南蔡家岗赵家孤堆 2 号墓出土的三件蔡侯产剑，舒城九里墩墓葬所出蔡侯朔戟等。可知蔡侯申之外，尚有蔡侯朱、蔡侯产、蔡侯朔等。其中蔡侯产三剑，皆为错金鸟虫书，与北宋时期李伯时旧藏安徽寿阳紫金山所出蔡侯产戈相似，反映出春秋晚期吴越文化对蔡国青铜器的影响。

纪国青铜器

纪国青铜器是中国春秋时期纪国的青铜器。春秋时的纪国是姜姓诸侯国，铭文作"己"或"𢄐"，其青铜器皆发现于山东。清代在寿光纪侯台下出土过西周晚期的纪侯钟。1951 年在山东黄县（今龙口市）东南的南埠一座春秋早期墓葬中出土一批青铜器，有盨1、盘2、甗鬲1、鼎1等，共8件，其中前6件有铭，可知为纪国嫁女的媵器。此地在莱国国都遗址灰城范围内，说明纪、莱两国是通婚的。1969 年在山东烟台南郊的上夼发现一座春秋早期墓葬，青铜器有鼎2、壶2、匜1、甬钟1、戈2、鱼钩1，共9件，2件鼎上有铭，说明器主为纪侯之弟。烟台远离纪国而近于莱国，墓主人可能是由纪国迁到莱国的。春秋初年纪国还曾与周王室通婚，《簠斋吉金录》中有山东出土的王妇纪孟姜匜，也是春秋早期器，可能是嫁为王后的纪女之物。

郑国青铜器

郑国青铜器指中国河南新郑及附近地区发现的东周青铜器群。新郑李家楼器群是一处重要发现。1923 年新郑李家楼发现一座大墓，其中有编镈、编钟、鼎、鬲、方罍、簋、簠、罍、虎尊、壶、鉴、盘、匜、舟、炉、镇墓兽等礼乐器共 88 件。李家楼器群的年代正处于春秋中、晚期之际，器物形态上呈现出新旧风格并存的现象。一部分器物上承西周以来至春秋早中期的规范，如甗、鬲等器；另一部分器物则呈现出崭新的风格。就 16 件鼎看，5 件沿耳无盖、6 件附耳无盖，还是沿袭旧法；另有附耳有盖鼎 5 件，则是新的形制。16 件鼎中三足都是嵌铸的，底部则皆圆形，也是前所未有的形式。又如所出的 3 对壶，1 对形态承旧；1 对则盖呈透雕状，龙耳龙足，器形华美；1 对莲鹤方壶尤为壮丽精美。莲鹤方壶基本形制仍是杯盖方壶，但杯盖的圈顶扩大并分裂，由透雕变为双层 20 个莲花瓣；杯底上立一展翅欲飞的白鹤，昂首望远；器身所饰群龙、足下所饰之双兽皆栩栩如生；纹饰不分层次，盘绕纠结；器体高达 1.17米；实是充分展现春秋晚期新风格的 1 对巨制。

李家楼器群因为非科学化发掘，所获青铜器数目并不完全，从现有随葬品数量及大墓规模看，器主当为郑国国君。1976 年在郑城西南约 12 千米的新郑唐户又发掘了一处时代从西周晚期延续到春秋晚期的墓葬群，共有墓葬 39 座。其中属于春秋中期偏晚的 1 号墓葬所出青铜器多与李家楼大墓相似，两者在年代上可互相印证。

黄国青铜器

黄国青铜器指中国春秋时期黄国的青铜器。黄国为嬴姓古国，都城于今河南潢川县西 6 千米。公元前 648 年，黄灭于楚，时值春秋中期前段。黄国青铜器旧有一些著录，20 世纪 70 年代以来在潢川及附近的光山、罗山、信阳等县市屡有出土，湖北曾国青铜器群中也发现少数。

黄国青铜器依其器主可分为 3 类：①"黄君"及其眷属的器物。1983 年 4 月在光山宝相寺发现南北并列的"黄君孟"夫妇墓，内有鼎、豆、壶、镈、鬲、盘、匜、盉、罐、

春秋"黄君孟"鼎

方座、刀、削等 36 件青铜器，铸作工细，纹饰精美，不少器物还铸有铭文。靠北木椁内出土铜器有铭"黄君孟"等字样；靠南木椁内出土铜器有"黄子作黄夫人孟姬"等字样，是黄国国君之墓，为研究春秋早期诸侯小国国君墓葬提供了珍贵资料。传世黄君簠、黄太子伯克盘，也属此类。②"奚君"之器。1972 年秋罗山高店公社出土匜、盘、壶各 1 件，匜、盘有铭，器主为"奚君单"。旧有单鼎 1 件，传出潢川，器主为"黄孙子俟君叔单"，当为一人，系受封的黄国公族成员。这些器物形制、纹饰均符合春秋早期特点。1979 年 10 月，高店公社又出青铜器 10 多件，其中鼎、壶、盆（盏）、盘、匜等器有铭，器主为"奚季子宿车"，形制、纹饰略晚于前一批器物，约当春秋早期偏晚，两者之间可能有较近的承继关系。③媵器。1966 年湖北京山苏家垄出土的曾国器群中有两件鬲铭作"唯黄朱枢用吉金作鬲"，1972 年随县熊家老湾出土的曾国器群中有一件鼎铭作"黄季作季嬴宝鼎，其万年子孙永宝用享"。都是嫁到曾国来的黄国女子的器物。著录中还有曾侯为嫁到黄国的女子所作

的媵器，可见曾、黄两国是互为婚姻的。

秦汉青铜器

秦汉时代，青铜器虽已不是艺术的中心，但仍维持着重要的地位，与日常生活的关系愈益密切。史载，秦始皇曾铸"重各千石"的"金人"等，由此可了解秦代青铜艺术的气魄。自武帝登基（前140）到章帝故去（公元88）是汉代青铜器铸造最发达、艺术最典型的时期。那时，官府铸造主要靠少府等中央性作坊及设在相关郡县的工官承当。据青铜器铭文，在汉成帝（前32～前7）中期，少府曾铸造上林铜鼎1850件、铜鉴1498件。铸造青铜器的工官仍以蜀郡和广汉郡最为知名。两汉私营作坊众多，而平阳（今山西临汾西南）的私家铸造规模很大，质量颇高，从中央官府到皇室贵族都乐于购买。

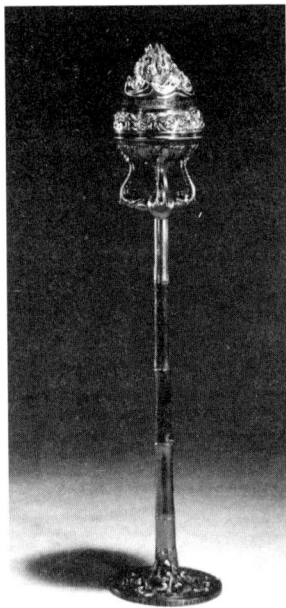

鎏金银竹节柄青铜博山炉
（西汉，高58厘米，陕西历史博物馆藏）

鼎、盛、壶、钫、瓿等尽管从器形上仍可归入礼器，但它们常与日用器一道出土，显示了功用的转化。鼎虽还会被用于祭祀活动，但作为炊具、餐具却是更常规的用法。"适用"已是秦汉青铜器的主流，它主要表现为装饰的平面化与器胎的轻薄化。有大批器物素面无纹，但上有漆绘、鎏金和金银错，它们既可显示装饰的意匠，又能保持平面的风格。西汉中期器胎流行轻薄化，如河北满城 1 号汉墓出土的铜釜和大铜盆，前者壁厚仅 0.06 厘米，后者则在 0.1 ～ 0.2 厘米。轻薄的胎体令器物更易移动，更利使用。虽有一些器物造型反映出惊人的写实能力，但多数造型更加简洁，极少有与功能无关的空间变化。至于镶嵌玉石等做法，则显示了统治阶层对奢华的追求。

汉代青铜熏炉和灯式样丰富。前者的代表是博山炉，炉体呈豆形，盖高而尖，雕镂成山形，明显是受当时盛行的神仙思想影响，是将熏香之器同海上仙山传说结合的产物。后者的代表是钅工灯，它们设计精妙且装饰华丽，有人形、牛形、鸟形、炉形等种种造型。其灯体设吸烟管，能将烟气导入灯身，灯身常可贮水，以使烟气溶于水中，可降低空气污染。灯罩的罩板可以开合，以调节光线的强弱和光照的方向。而设计极

朱雀衔环镏金青铜灯（西汉，高 11.2 厘米，宽 9.5 厘米，河北博物院藏）

其巧妙的香囊，也最晚在西汉有了构造的原型。据《西京杂记》所载，长安的丁缓就曾制作过这类物品。

　　两汉仍是铜镜艺术的高峰期，从西汉中期开始，汉镜的风貌逐渐显现，出现了多种图案类型，许多铜镜铸造精工，图案清晰。至于神奇的透光镜，更引起后世广泛的关注。边远地区的青铜器以北方草原和云南最有特色。前者仍保持着装饰禽兽的传统，并延续到北魏，甚至更晚。后者的起源已被上溯到商代后期，而西汉时的制作尤其精彩。

第 2 章

青铜珍品

青铜礼器

青铜礼器是中国古代青铜器的重要器类，用以祭祀神灵和祖先，主要包括食器、酒器和水器等。其中食器占重要地位，主要有炊器的鼎、鬲、甗，盛食器的簋、豆、盨、簠等。

鼎有方鼎、圆鼎两类。圆鼎之中又有圆腹、鼓腹、分档的不同。鼎足有锥足、柱足、扁足、鸟形足的分别。方鼎流行于商代和西周早期，有些大型方鼎如司母戊鼎、司母辛鼎等是商王室铸造的重器。西周时期流行大盂鼎一类的圆鼎样式，到西周后期，出现半球形腹、兽蹄形足的毛公鼎样式。其审美意趣由庄严趋向于典雅。春秋战国以后，鼎的数量增多，大的深腹鼎用于烹煮牲肉，称为镬鼎；另一类大小相次的列鼎，用以盛放不同的肉类。在祭祀活动中，鼎数量的多少代表使用者的身份等级，周天子用九鼎，以下为七、五、三鼎，都是奇数。与鼎相配套的是盛食物的簋，都是偶数，最高规格为九鼎八簋。

甗为蒸煮的炊具，下部是三款足中空用以盛水的鬲，上部为甑，中间以箅相隔。

豆是盛肉酱的，下部以称为"校"的长柄与圈足相接。

簋又分化出椭圆形剖面的 盨 和方形的簠，均为盛黍稷稻粱的食器，盖与器身造型相同，可以分置，以其形式的变化丰富了青铜器组合。

酒器盛行于商代和西周初，种类很多，主要有三足器与圈足器两大类。三足器有爵、角、斝、盉等。爵是饮酒器，有流、尾与柱，三足支开，有一种挺拔向上

青铜礼器（酒器）

的感觉，造型很美。角与爵相似而无柱，前后都是尖形的尾。斝是温酒器，形体较大，无流与尾，沿上有双柱。盉为调酒器，有一个管状的流。圈足器有觚、觯、尊、罍、卣、壶、兕觥等。觚是数量很多的饮酒器，有

青铜礼器（水器）

一个喇叭形的口。尊与罍都是大型盛酒器，尊为敞口，罍为敛口，有盖，壶有方、圆、扁等多种形式。卣似壶而有提梁，为调制名为"秬鬯"的香酒之容器。兕觥形如

现代的大口杯，有盖，为装饰特别华美的大型盛酒器。与之同类的还有作鸟或兽形的鸟兽尊。

水器有盘、匜、盂、鉴等。盘与匜共用，为礼仪活动中沃盥的浇水与盛水之器，有的盘很大，可用于盛冰，著名者如虢季子白盘。匜形如瓢，前有流，后有鋬。盂和鉴都是大型的盛水器，鉴可以盛水鉴容，大的鉴可供沐浴用。

鼎

鼎是中国古代青铜炊食器、礼器。甲骨文中有鼎的象形字，假借为贞卜之"贞"；金文中有鼎字，为鼎器自名。青铜鼎始见于二里头文化晚期，年代约当夏末或商初，盛行于商周，沿用至汉代，是青铜礼器中流行时间最长、数量最多、地位最重要的器类。基本形制为大口、圆腹、圜底、双耳、三足，也有方形、平底、四足的形制。主要用途是在贵族祭祀、宴飨等礼仪活动中盛肉类。东汉晚期后鼎器消失。宋以后有仿古赏玩的青铜鼎，也或用作宗庙、祠堂祭祀礼器。

妇好扁足方鼎（商后期）

青铜鼎的形制由锥足到柱足、蹄足（西周还有扁足），立耳到附耳，无盖到有盖，商代至西周中期并流行四足方鼎。青铜鼎纹饰多铸于颈、腹部，纹样随时代而变化。商鼎有铭者不多，一般一到几字，周代多见记事长铭。战国中晚期到汉代，铜鼎的礼器含义渐失，多成为生活实用器或工艺品，或简素，或以错金银装饰，铭刻出现"物勒工名"等形式，与商周古鼎浑厚凝重的风格和叙事颂扬的典雅遣词已大不相同。文献和考古资料表明，周代有所谓用鼎制度，不同等级身份的贵族使用的随葬鼎数各有等差，并与簋数相配，构成礼器制度的核心。此外，文献记有禹铸九鼎、商汤灭夏迁鼎于商、周武克商又迁鼎于洛邑等传说以及春秋时楚庄王问鼎中原的史事，反映了鼎在先秦社会被视为王权的象征。

牛方鼎

牛方鼎是中国商代晚期青铜器，1935 年出土于河南省安阳市西北冈王陵区 1004 号大墓，与鹿方鼎一同出土，形制相似，唯牛方鼎形体较大。通耳高 73.3 厘米，口长 64.1 厘米，宽 45.4 厘米，重 110 千克。现藏台湾"中央研究院"历史语言研究所。

整器呈长方体，方唇，折沿，沿面立双耳，深腹平底，圆柱形足，上部中空。器体四角和四面中部有扉棱。沿下饰一周夔纹，四面器体中部各饰一浮雕式牛首纹，牛角上方各伏一侧鸟纹。长边牛首纹两侧各立一侧视凤鸟纹，短边牛首纹两侧各饰一夔一鸟，倒夔在上，立鸟在下。双耳饰对称虎纹。柱足上部饰牛首纹和三角蕉叶纹。器底正中铸阴文的象形"牛"铭，与器体主题花纹牛首相对应，故名。

牛方鼎形体巨大，仅次于司母戊鼎和一对司母辛鼎，为殷墟出土的第四大方鼎。

人面方鼎

人面方鼎是中国商代晚期青铜器，1959 年出土于湖南省宁乡县（今宁乡市）黄材镇炭河里遗址寨子山。现藏湖南博物院。器物通高 38.5 厘米，口长 29.8 厘米，宽 23.7 厘米。器形为长方形平底，立耳，四柱状足。腹角可见扉棱。此器独特之处，在于鼎腹的 4 个立面均以大型浮雕人面为主题装饰。人面整体较为宽扁，弧眉，卧杏眼，颧骨明显，鼻翼较宽，双耳硕大，嘴部横长，双唇紧闭。双耳上部各横卧一条幼夔，下部曲爪前伸。人面背后以细密云雷纹为地纹。鼎腹内壁有"大禾"二字铭文。

商周青铜器通常以动物纹为装饰题材，人面方鼎系仅见的以大型人面为主题纹饰者。有学者以人面有角有爪，双耳硕大等特征，并结合"大禾"二字，推测为"傩神祈丰"，可备一说。20 世纪 50 年代以来，宁乡一带常有商代青铜器出土，如四羊方尊等。人面方鼎的器形，以及纹饰中

人面方鼎

的幼夔、前爪、云雷纹等具有强烈的中原商文化特征，但人面题材及其形象和五官却具有地方特色。推测此鼎系当地所铸，但记录了 3000 年前中原青铜文化对长江流域同时期古文明的深刻影响。

戍嗣子鼎

戍嗣子鼎是中国商代晚期青铜器，1959 年出土于河南安阳殷墟后

戊嗣子鼎

岗 10 号祭祀坑，时代属殷墟铜器第四期。现藏中国社会科学院考古研究所殷墟博物馆。器物通高 48 厘米，口径 37.8 厘米，重 21.5 千克。折沿，方唇，两耳微外侈，下腹微鼓，圆底，半空足，足中腰略束，近马蹄形。口下有扉棱 6 条，足的外侧上端也各有 1 条扉棱。口沿下以扉棱为鼻界，饰 6 组以云雷纹为地纹的对夔兽面纹。足上端饰独立兽面纹，下接凸弦纹。器腹内壁有铭文 3 行 30 字。

戊嗣子鼎是已知发掘出土的铭文最多的商代青铜器，具有较高的史料价值。

司母戊鼎

司母戊鼎是中国商代晚期青铜器，又称后母戊鼎，是现知中国古代最大的青铜礼器。1939 年出土于河南省安阳市殷墟王陵区商代大墓。高 133 厘米，口长 112 厘米，口宽 79.2 厘米，重 832.84 千克。藏于中国国家博物馆。

长方形腹，双立耳，四圆柱形足，折沿，方唇。器腹四边角、每面正中和足上端均有扉棱。鼎上的纹饰主要由兽面、夔龙和牛、虎等形象组成。鼎腹四面中心为素面，四周环以夔龙，正中的上下，两两相对的夔龙合为双身一首的兽面。口沿上下四角转折处和两鼎耳外侧衔接口沿部位，均饰牛首。两耳外侧各饰双虎噬人形象。鼎的造型高大厚重，雄浑庄严，具有神秘、威慑之感。鼎身与足为浑铸，耳后铸接。合金成分为：铜84.77%，锡11.84%，铅2.76%，配比已相当进步。此鼎反映出商代青铜铸造工艺的高超水平，是当时青铜器艺术最重要的代表作之一。器内铸"司母戊"三字，其中"母戊"为商王武丁或武乙配偶的庙号。也有学者释为"姤（后）戊"，"后"即商王配偶之称。铭文字体势雄伟，

司母戊鼎

书体属象形装饰文字，笔势开阔峻利，笔力浑厚劲健，章法颇具匠心，谨严紧凑，有浑然天成的意趣。关于鼎的铸造年代，主要有祖庚、祖甲之时或文丁之世二说。

我　鼎

我鼎是中国西周早期青铜器，原名我甗、御鼎、御簋，因作器者名"我"而得名。我鼎器身早年出土于河南洛阳，残损严重，初由虹光阁购得，后转售于尊古斋，补缀后成今形。1936年入藏原中央博物院，现藏台北故宫博物院。后器盖复出，现藏台湾"中央研究院"历史语言研究所。

器高23.2厘米，腹深16厘米，口横17.5厘米，口纵14.5厘米，重3.71千克；盖高6.5厘米，深2.4厘米，口横19.3厘米，口纵15.4厘米。器横截面呈椭方形，高子口，深腹，下腹向外倾垂，四柱足上粗下细。盖作平顶，折沿，四角有曲尺形钮。口下、盖沿均饰饕餮纹，雷纹填地，

足饰简省形蝉纹。此鼎原应有 1 对附耳，出土后破碎丢失。

此鼎形制与北京房山琉璃河西周墓地出土的围鼎接近，时代在西周较早时期，约成、康之际。器身和盖铭文一致，各 6 行 43 字。内容是十一月丁亥，作器者我先对祖乙、妣乙、祖己、妣己等先祖先妣进行血祭之法的御祭，以祈求免除灾祸，随后对二母即祖乙、祖己的配偶妣乙、妣己进行祔祭和叙祭。完毕之后，舆载尸柩而陈遣奠，作裸事，用席草包裹祭奠使用的羊、豕肉之余，接收赙赗五朋的贝，为父己的丧礼制作了这件祭器。

文末"亚若"表示作器者我属于若氏家族。"亚"字在族氏铭文中十分常见，一般认为是宗族关系的体现，是小宗分支的标志。"亚若"氏的铜器群集中出土于河南安阳殷墟刘家庄北地 637 号墓，时代在殷墟三期偏早，传世器有亚若癸觚、亚若癸杯、亚若癸尊、亚若癸方彝等。从亚若氏铜器出土地点来看，西周建立之后，我家族等类似殷遗民由殷墟迁至成周，河南省洛阳市老城西郊、中州路西工段等地区发现大量殷人文化特征的墓葬，可兹证明。鼎铭中所涉祭名亦见于殷代卜辞，是商人祭祖的仪轨，整个过程又与传世文献中关于周代丧奠礼相吻合，体现出商周文化的传承性和延续性。

我鼎铭文是研究商周丧奠礼极为珍贵的史料，在商周金文中仅此1 例，完整地记录了贵族安葬祖先前后祭祀与丧葬礼仪的整个过程，可与《仪礼·既夕礼》《礼记·杂记》等传世文献关于丧礼记载相互印证，其中涉及的血祭、御祭、祔祭、叙祭等具体详细仪节，可补丧奠礼之阙。

子龙鼎

　　子龙鼎是中国商代末期青铜器，相传 20 世纪 20 年代出土于河南辉县（今河南辉县市），被日本商人购得，后流转至中国香港。2006 年由国家文物局回购，入藏中国国家博物馆。

　　该鼎通耳高 103 厘米，口径 80 厘米，重 230 千克。器物为厚方唇，宽折沿。沿面立双耳，耳厚而外撇，外侧饰两周凹弦纹。圆腹，微下垂，下承三蹄足。沿下有 6 条短扉棱，分别以扉棱为鼻梁。饰两类 6 组浮雕式兽面纹，一类为有首无身的独立兽面纹，一类为一首双躯兽面纹。两类兽面纹相间布列，角和尾内卷上翘，爪后有长距，静中有变，颇具动感。足上端饰高浮雕兽面纹，下饰 3 周凸弦纹。器内壁近口缘处铸铭"子龙"，故名。

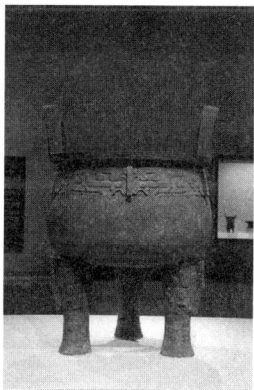

子龙鼎

　　此鼎是已知商末形体最大的圆鼎，与司母戊（或称后母戊）大方鼎一方一圆，堪称商代青铜重器之双璧。

淳化大鼎

　　淳化大鼎是中国西周早期青铜器，1979 年 12 月出土于陕西省淳化县石桥乡史家塬村西周早期墓葬。鼎通高 122 厘米，口径 83 厘米，重 226 千克，是已知的西周最大、最重铜鼎，因出土于淳化县，故名。现藏陕西历史博物馆。

　　器物平沿方唇，沿面直立两耳，腹壁较直，下承三蹄形足，腹内足上部有 3 个直径约 17 厘米的圆窝。与三足对应的中腹部各置一半环形兽首錾，錾下有小垂珥。三錾把鼎腹部均分为 3 区，每区饰一组长躯对夔组成的兽面纹，拱躯卷尾，兽面纹下各置一高浮雕的牛首饰。鼎耳外侧各饰相对夔龙纹；足上部饰独立兽面纹，下饰三周凸弦纹。主体花纹外均用云雷纹填地。

此鼎不仅形体硕大，造型也极为奇特，腹壁上铸接 3 个半环形錾的做法，为商周铜鼎仅见，彰显商周时期高超的青铜铸造工艺和设计理念。

多友鼎

多友鼎是中国西周晚期青铜器，因作器者名"多友"而得名。时代在西周晚期，大约夷厉时期。1980 年 11 月出土于陕西西安长安区斗门镇下泉村，现藏于陕西历史博物馆。

此鼎通高 51.5 厘米，口径 50 厘米。器形为窄折沿，口沿上 1 对立耳，半球形腹，深腹，圜底，三蹄足，足内里有断面。口沿下饰两道凸弦纹。这种立耳半球形腹鼎是西周晚期常见的鼎制，与之形制相近的有 1997 年洛阳东郊西周墓出土的顾龙纹鼎、中国国家博物馆收藏的南宫柳鼎、故宫博物院收藏的大鼎等。

内壁铸铭文 22 行 277 字（其中重文 1、合文 1）。铭文记述猃狁侵犯京师，武公命多友率部追逐，战绩颇丰。多友向武公献俘，武公在献宫赏赐多友土田、圭瓒、编钟及百钧重量的铜料。多友赞颂武公的恩德，铸造此鼎，宴飨本族的同姓亲属。鼎铭详细记载了周朝与猃狁部族之间战争状况，杨冢一役，多友焚车驱马而归，猃狁所捕俘虏皆被救回等细节，十分生动。

武公还见于敔簋、南宫柳鼎、禹鼎等器，在敔、南宫柳的册命仪式上担任右者，是夷厉时期显赫的朝臣，掌控王朝的征伐军权。多友的召赐人向父即禹，他们二人皆为

多友鼎

武公的家臣，所率部队皆为族兵。器铭也反映出西周晚期世家大族势力的崛起。

静方鼎

静方鼎是中国西周早期青铜器，因作器者名"静"而得名，时代在西周早期末叶，约昭王时期。现藏日本东京出光美术馆。

器物高 32.7 厘米，口长 25.6 厘米，口宽 20.3 厘米。体呈长方槽形，窄沿方唇，口沿上 1 对立耳，平底，4 条柱足，腹深与足等长，四角和四壁中部各起 1 道扉棱。口沿下饰饕餮纹，四壁饰饕餮纹，两侧填以短尾倒立的夔纹，兽面均以四角的扉棱为鼻梁，足的上部饰浮雕兽面。内壁铸铭文 9 行 79 字。内容为七月甲子日，王在宗周，命令师中和静巡视南国，为王建立行宫。八月初吉庚申日，静返回成周，复命禀告。既望丁丑日，周王在成周宗庙大室命令静掌管驻扎在曾和噩地的军队，赏赐静鬯酒、旗帜、蔽膝，并将噩地赐静为采邑。静赞颂天子的恩赏，为祭享父丁作此鼎。

静方鼎铭文可与安州六器中的中方鼎、中甗等器关联，师中与中器

的作器者中为一人，中也被王派出巡察南国，为王建设行宫，并在曾、噩等地驻跸。静与中承担的任务是为昭王南征做前期准备，静受赐隆重，可见周王对南征一事的重视。此鼎是周昭王南征的见证，具有较高史料价值。

毛公鼎

毛公鼎是中国西周后期青铜器，铸于西周宣王时。鼎高 53.8 厘米，口径 47.9 厘米，腹围 145 厘米，腹深 27.8 厘米，重 34.7 千克。清道光（1821～1850）年间出土于陕西省岐山县。台北"故宫博物院"藏。

毛公鼎的造型为半球形腹，立耳，兽蹄形足，比例匀称合度，轮廓优美，纹饰单纯，仅在口沿下饰一圈重环纹，下加一道弦纹，体现了西周时代典雅和谐的审美风尚。鼎腹壁铸有铭文 32 行，共 500 字。铭文内容记述周王对周代文武二王开国盛世的回顾，感叹时局的不平静与艰难，为振兴周室，策命毛公辅佐王室，委以重任，并以厚赐，毛公感恩，因铸鼎纪之。

毛公鼎

铭文皇皇巨制，其价值被誉为"抵得一篇《尚书》"。铭文书法质朴清健，布局端严，线条流畅，行气自然，气势磅礴，结体庄重严整，字势生动，变化丰富，在西周金文中实属上乘之作。徐同柏《从古堂款识学》著录。

克　鼎

克鼎是中国西周晚期青铜器，又称膳夫克鼎，因作鼎者为任食官"膳夫"的克而得名。相传清光绪十六年（1890）在陕西扶风法门寺任村出土。包括大鼎1件，小鼎7件。从器形与铭文推断，为西周厉王、宣王时器。因大鼎习称大克鼎，故小鼎称小克鼎。大克鼎及最大的1件小克鼎现藏上海博物馆。

大克鼎通高93.1厘米、口径75.6厘米，重201.5千克。双立耳，折沿，鼓腹，三兽蹄足。口沿下饰窃曲纹一周，腹饰环带纹，足饰兽面纹。腹内壁铸铭文28行290字。铭文前半部主要是克称颂其祖父师华父，并对周王献祝嘏之辞；后半部为作册尹代周王宣读的册命，主要讲周王命克出纳王命，并赐以命服、土地和臣妾等。此铭为研究西周晚期土地制度和册命制度的重要资料。7件小克鼎铭文相同，其形制、纹饰与大克鼎相似。其中最大的1件高56.5厘米，口径49厘米，腹径49.4厘米，重约48千克。内壁铸铭文8行72字，记周王二十三年，王在宗周，命膳夫克去巡视、整顿驻在成周的军队，即成周八师。克因此作鼎以祭祀其皇祖釐季，祈求永命霝终，万年无疆。该器对研究西周军制及官制有重要价值。

大克鼎

寝孳方鼎

寝孳方鼎是中国商代晚期青铜器，1981 年出土于山西省曲沃县曲村西周墓。方鼎高 25 厘米，口长 20 厘米，口宽 16 厘米。现藏山西博物院。

器物为长方形，立耳折沿，腹部侧立面较直，平底，四柱足。腹部 4 个侧立面均有纹饰。正面与背面，左面与右面图案相同。正、背面的主题图案，是以中部扉棱为中心向两侧展开的浮雕大兽面。每侧兽面独立成为夔龙，以扉棱为中心相向而行。夔龙上方是带钩喙的小夔龙。左、右两侧亦饰夔龙与兽面。足部上方有阴线的云纹及重叶纹。

器内壁有铭文 4 行 27 字，铭文内容记二十年十二月甲子日，商王赏赐寝孳，助其铸造祭祀其父"辛"的宗庙彝器。铭文中的"辛"应是禀辛，赏赐者是康丁，作器者孳为商王的宫寝主事。相对的内壁上，另有族氏两字。

寝孳方鼎的器形与花纹，表现其年代应为殷墟晚期。器铭中有明确的"惟王廿祀"记录，与甲骨卜辞对照，推出晚商时期的康丁、帝乙、帝辛三世在位均超过廿祀的结论。此器对于考察商王朝历史具有重要意义。

趞曹鼎

趞曹鼎是中国西周恭王时期青铜器。传世有七年趞曹鼎和十五年趞曹鼎 2 器，曾经清末金石家吴大澂收藏，现均藏上海博物馆。

七年趞曹鼎高 28 厘米，口径 38.5 厘米，重 10.23 千克，浅腹，束腰，附耳，器身仅饰弦纹两道，甚为简朴，是当时的一种新兴式样。有铭文

56 字，记载了恭王召见趞曹，赐以命服、鑾旗等物。为纪念这次赐命典礼，趞曹作此鼎以为纪念，并用以宴飨朋友。

十五年趞曹鼎高 23.4 厘米，口径 22.9 厘米，重 3.94 千克，垂腹，立耳，三柱足。颈部饰四顾式龙纹一周三组，每组有相对的两条龙，纹饰无地纹，线条简练流畅。腹壁有铭文 57 字，其中"敢对曹"3 字是衍文。铭记恭王在周新宫的射庐中举行大射礼，赏赐给趞曹弓、矢、矛、盾等兵器，趞曹为此作鼎以为纪念并宴飨朋友。此鼎明确纪年为周恭王十五年，订正了世传恭王在位十年和十二年之误。

两鼎间隔 8 年，铭文字体如出一人之手。两器俱有明确的恭王时期的纪年，历来被视为西周恭王时的标准器。

师同鼎

师同鼎是中国西周晚期青铜器，因作器者名"师同"而得名。1981 年 12 月出土于陕西扶风法门镇下务子村西周铜器窖藏。现藏宝鸡市周原博物馆。

器物高 35 厘米，口径 34 厘米，腹深 20.5 厘米，重 10.5 千克。器形为窄沿外折，口沿上有 1 对立耳，半球形腹，深腹，圜底，3 条蹄形足。口沿下饰 1 周重环纹和 1 道凸弦纹。此鼎形制与 1980 年陕西西安长安区斗门镇下泉村出土的多友鼎、1997 年洛阳东郊西周墓出土的顾龙纹鼎、中国国家博物馆收藏的南宫柳鼎、故宫博物院收藏的大鼎等相近。

内壁铸铭文 7 行 54 字（其中重文 2、合文 1），铭文不完全，仅为整篇铭文的后半段，前半段可能铸在其他同组器上。铭文记述了师同在主帅率领下，攻破了戎族围困，取得辉煌胜利，缴获战车、大车等战利品，并将俘虏和战利品进献给周王。师同从戎人那里掠得30件铜胄、20件铜鼎、50件铺、20柄剑，用这些物品铸造了这件铜鼎。此鼎铭文丰富了西周时期献捷礼、铸器的铜料来源等内容，具有较高史料价值。

叔夨方鼎

叔夨方鼎是中国西周初期青铜器，作器者为叔夨，多数学者考证即晋国始封国君唐叔虞，故又称叔虞鼎。2001年1月出土于山西省曲沃县曲村镇北赵村晋侯墓地。通高27厘米，口长18.5厘米，宽16.5厘米。现藏山西省考古研究院。

器物立耳，折沿，长方形器身、深腹，平底，四柱足。腹部4个立面的沿中线各有1条纵向扉棱，四隅也各有1条扉棱。腹部四面均有纹饰，主题图案是以中线扉棱为轴的浮雕大兽面。兽面以云雷纹为地。

鼎腹部铸有铭文共48字（含合文1）。记载周王在成周举行盛大祭祀，百官备至，器主夨参加了这次聚会，并受到周王赏赐，收获了车马贝币。此器很可能是叔虞尚未受封于唐所铸，进行赏赐的周王即成王。铸铭中提到的时间概念是"十又四月"，可知当时仍然行年终置闰的商历。铭文中行祭祀的方法，也与商王朝基本一致。此器涉及周初分封叔虞前后的历史，对周初祭祀习俗以及周初历法制度研究都有重要价值。

铸客大圆鼎

铸客大圆鼎是中国战国晚期楚国青铜器，1933年出土于安徽省寿县朱家集（今属淮南市谢家集区）李三孤堆楚王墓。铭文开头为"铸客"两字，故名。现藏安徽博物院。

该鼎通高 113 厘米，口径 87 厘米，腹深 52 厘米，腹围 290 厘米，重 400 千克。圆口、方唇、平沿外折，颈的外侧附双耳，耳的上部外曲，鼓腹、圆底、三蹄足，腹上饰一周凸起的圆箍、箍饰模印花纹，双耳和颈外壁饰模印菱形几何纹，足根部饰浮雕旋涡纹，圆底外壁有烟炱痕迹。共有铭文 16 字，鼎口平沿上刻有铭文 12 字"铸客为集脀、佸脀、鸣腋脀为之"，前足膝部和左腹外壁下部均有铭文"安邦"。

该鼎是战国晚期楚王随葬青铜礼器，是已知东周时期最大的圆鼎，对研究楚文化和用鼎制度具有重要史料价值。

大保鼎

大保鼎是中国西周早期青铜器，又称太保鼎，因作器者官职名"大保"而得名。清咸丰（1851～1861）年间（一说道光年间）山东寿张县梁山出土，为"梁山七器"之一。端方、徐世昌曾收藏，柯昌泗进行考释。中华人民共和国成立后，徐世昌孙媳张秉慧捐献给国家。现藏天津博物馆。

器物高 57.6 厘米，口长 35.8 厘米，口宽 22.8 厘米，重 26.72 千克。器身为长方槽形，立耳，折沿，浅腹，四柱足，足的长度大于腹深，显得整器挺拔高耸。器身四隅有飞牙，每只耳上饰一对相向的圆雕垂角兽，作攀附状。口下饰饕餮纹，凸扉棱为鼻，下腹部饰三角纹，内起省变夔纹。柱足中部有轮状装饰，足根处饰浮雕兽面纹。此鼎形制与湖北随州安居羊子山 4 号墓出土的二号饕餮纹方鼎相同，耳部的爬兽与美国堪萨斯城纳尔逊美术陈列馆藏成王鼎耳部的爬龙之装饰如出一辙，据此判定其时代在西周早期偏早，约成、康之际。

内壁铸铭"大保"2 字，大保是官职名，文献作"太保"，成康时期召公奭担任王朝大保，这里的大保应指召公，故此鼎为召公所作。大保鼎最独特之处在于四足中间位置附加轮状装饰，在商周青铜器中稀见。大保鼎足部轮饰的设计已不具备盛放托盘的实用功能，而是升华为一种艺术装饰。

王子午鼎

王子午鼎是中国春秋时期楚国青铜器，因作器者为王子午而得名。1978 年出土于河南省淅川县下寺墓地。共 7 件，6 件现藏河南博物院，1 件现藏中国国家博物馆。

7 件鼎形制、纹饰、铭文相同，大小不一。高 61.3 ～ 68 厘米，口径 58 ～ 66 厘米。鼎弧盖，桥形钮；立耳外撇，敞口，束腰，腰部有一周突箍；平底，下接三蹄足；器身附有 6 个兽形扉。耳和口沿饰浅浮雕状的蟠螭纹，口沿下和下腹饰双线的变形蟠螭纹，其间饰鳞状纹。内壁有铭文 14 行、86 字（含重文 5），内容是王子午择取上好铜料，制作了这一组铜鼎，用来祭祀祖、考以祈求福祉，并自矜其素养。近似的语句还见于同墓所出王孙诰编钟和传世王孙遗者钟，应为时代套语。盖面有铭文（似为刻铭）4 字：倗（冯）之口鼒。

王子午（令尹之庚）是楚庄王之子，楚康王前期为令尹（公元前

559～前 552）。这一组铜鼎是他在担任令尹时所作。但其所出之墓葬墓主却并非王子午，而是另一位令尹蓬子冯（前 551～前 548 年在位）。盖面上的俑（冯）正是蓬子冯之名。可知这一组鼎先为王子午所有，后归属蓬子冯，并作为随葬品埋入其墓中。这类立耳束腰鼎常自名为"鼎"，一般称升鼎。

王子午鼎的作器者、时代和出土背景均清晰明确，具有很高的历史价值。鼎形体巨大，纹饰繁缛，精美的附件系以失蜡法铸成；铭文为所谓"鸟虫书"，笔画曲折蜿蜒，中部较肥，两端出尖，优美秀丽；具有很高的艺术价值。

盂　鼎

盂鼎是中国西周早期青铜器，习称大盂鼎，是周康王二十三年（公元前 997）重臣盂为其祖父南公所做的祭器。相传清道光初年出土于陕西岐山礼村。现藏中国国家博物馆。

盂鼎铸造精良，通高 102.1 厘米、腹径 83 厘米，重 153.5 千克。圆腹、圜底，双立耳微外斜，三足中部略内收。口下饰一周兽面纹带，三足上端有兽面装饰。造型古朴厚重，为商末周初大型鼎流行的式样。器

大盂鼎

内壁铸铭文 19 行 291 字，内容为康王对盂的训诰和册命。文首称颂西周文武二王的盛德，追述商人纵酒亡国的教训，所述可与《尚书·酒诰》的记载相印证。继述康王册命盂接任祖、父官职，主司戎事与狱讼，并予赏赐。所记有关殷商官制和康王赏赐盂各类属民的情况，是研究殷商政治和西周早期历史的重要资料。铭文字体端庄茂朴，行款整齐，是金文书法艺术的典范。同出还有一鼎，亦为盂所作（康王二十五年作器），习称小盂鼎。原器已佚，铭文有粗纸拓本和摹本传世。有铭文 390 余字，记述盂两次受命征伐强族鬼方，获胜后献俘于庙，受到周王赏赐，亦具重要史料价值。

禹 鼎

禹鼎是中国西周晚期青铜器，为厉王时禹所作。1942 年在陕西省岐山县任家村出土。现藏中国国家博物馆。同铭者尚有一鼎，北宋时出土，宋人称之为穆公鼎，较此鼎小，已亡佚。

禹鼎通高 54.6 厘米，口径 46.7 厘米，重 37.25 千克。圆形，立耳，折沿，腹下略鼓，蹄足。口沿下饰变形兽面纹，腹饰波曲纹，足上饰兽面，下饰弦纹，内壁有铭文 20 行，207 字。铭文记述禹受王命征伐鄂侯驭方的史实，可分 3 段：第一段记述禹的祖先辅助国王，武公因禹的圣祖幽大叔和懿叔劳绩，命禹掌管井邦；第二段是禹哀叹上天降下大难，鄂侯驭方率领南淮夷、东夷在南方和东方造反，叛军已打到了历内，王命王室宿卫军西六师和殷八师，征伐鄂侯驭方，老幼斩尽杀绝，然伐鄂之举未能取胜；第三段是武公命令禹率领他的战车百乘，车兵二百，徒兵一千，和西六师、殷八师一起，再兴伐鄂之举，禹率军攻击并俘获了鄂侯驭方。禹鼎铭文记述了西周晚期与鄂国及南淮夷之间的一次重要战争，对西周在江汉地区的经略具有重大影响，而史籍失载，

禹鼎

故鼎铭的史料价值甚高。而且此鼎时代明确，是厉王时的一件标准器，在西周青铜器的断代研究上，也是珍贵的资料。

颂　鼎

颂鼎是中国西周晚期青铜器，为周宣王时代的史官名颂者所作。此鼎传世共 3 器，上海博物馆、故宫博物院、台北故宫博物院各藏 1 件。同铭之器尚有簋 5 件、壶 2 件。

上海博物馆所藏颂鼎体形较大，通高 30.8 厘米，口径 32.8 厘米，腹径 30.9 厘米，重 9.8 千克，立耳，口沿下饰弦纹 2 道，兽足，腹内有铭文 15 行、151 字。

颂鼎

颂鼎铭文是记录西周时册命制度最完善的文体之一。全文大意：①三年五月甲戌之晨，周王在康邵宫的太室即

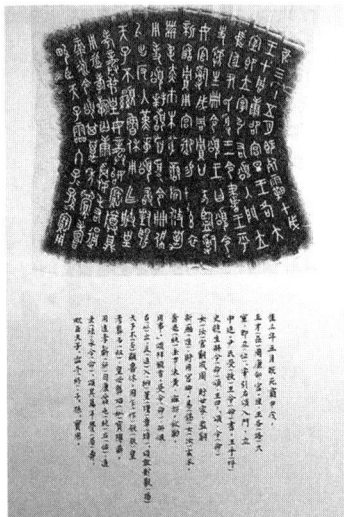

颂鼎铭文（拓片）

位。②受命者颂在宰的引导下入门立于中廷，尹氏将周王的册命书授予史虢生宣读，内容为命令颂掌管成周市廛廿家，监管新造，积贮货税用于宫御。③赏赐给颂命服、鑾旗和马具攸勒等。④颂拜稽首受命，带着有王命的简册退出中廷，然后又重新返回向周王献纳瑾璋。⑤颂宣扬王的册命，并为先祖作宝鼎，以对先人行孝道，祈求康福、长命，永远臣事天子。第一段记述册命的时间、地点；第二段记述册命仪式；第三段记述册命授职；第四段记述赐命赐物；第五段记述仪式的完成；第六段是祝愿辞。这样完整的记录册命礼仪的文体在西周青铜器铭文中是不多见的，对研究西周时期的册命制度具有重要价值，其书体在西周晚期金文中也有代表性。

杜岭方鼎

杜岭方鼎是中国商代中期最大的青铜礼器，1974年6月发现于河南省郑州市张寨南街杜岭土岗铜器窖藏中，窖深6米。共出二鼎一鬲。鼎的形制、纹饰相同，分别编为1号、2号铜鼎。1号鼎最大，通高100厘米，口径62.5厘米×61厘米，腹壁厚0.4厘米，重约86.4千克。2号鼎通高87厘米，口径61厘米×61厘米，为正方形，重64.25千克。1号鼎藏于中国国家博物馆，2号鼎藏于河南博物院。

　　杜岭方鼎体量巨大，造型浑厚、庄重，为商代中期青铜器的代表性作品。但由于其年代较早，铸造技艺不够完善，在整体比例和细部处理上尚有不足之处。鼎的口、腹部略呈长方形，口沿外折，两侧沿面上有圆拱形的立耳，微微向外张开，耳的外侧面呈凹槽形，内有三道凸起的棱线。鼎腹成斗形，深46厘米。鼎腹上部约1/3的部位装饰着阳纹的饕餮纹装饰带，每面正中及四个转角处各为一组饕餮纹，全器共8组。腹部左、右和下部边缘装饰一圈整体成U形的乳钉纹。鼎腹每面正中

部位，饕餮纹上下均为素面。装饰手法朴素大方。鼎足为上粗下细，略呈锥形的柱足，中空。足的上部有饕餮纹，下部有弦纹三道。在腹底和足表有烟熏的痕迹。和商代后期以司母戊鼎为代表的方鼎造型相比，杜岭方鼎腹部过深，足的比例嫌短，缺乏那种更为庄严的纪念碑性质。耳和口沿的处理也显得单薄。

杜岭方鼎

在铸造技术上尚存在外范接合不严，部分纹饰有重叠的缺点。

　　杜岭方鼎是商王室用于祭祀活动的重要礼器。作为商代中期青铜器造型中最为典型的代表，杜岭方鼎有着极高的声誉和艺术价值。

鹿方鼎

　　鹿方鼎是中国商代晚期青铜器，1935年出土于河南省安阳市西北冈王陵区1004号大墓，现藏台湾"中央研究院"历史语言研究所。

鹿方鼎通高 60.9 厘米，口长 51.4 厘米，宽 37.4 厘米，重 60.4 千克。整器呈长方体，厚方唇，口折沿，短边沿面立双耳，深腹平底，圆柱形足，上部中空。口沿下饰一周夔龙纹，四面器体中部饰浮雕鹿首，左右两侧各饰立鸟，长边立鸟的外侧各饰立兽纹，近底边缘饰一周夔龙纹。器体四角饰立雕扉棱。柱足饰鹿首纹和三角蕉叶纹。器底正中铸阴文的象形"鹿"铭，与器体的主题花纹鹿首相对应，故名。

鹿方鼎花纹繁缛，铸造精良，与牛方鼎配伍，堪称殷墟方形铜器之精品。

鬲

鬲是中国古代炊器，用于烧煮，可作为礼器与鼎组合。大多为陶制和青铜制。从形制上看，一般为口部呈方形或圆形、双耳、深腹、三袋状足，独特袋形腹是为了扩大受火面积，较快地煮熟食物。

鬲形陶器出现于新石器时代，在商周时期盛行。春秋晚期鬲形器渐趋消失，到战国时期完全绝迹。同时期的青铜鬲是依照新石器时代晚期陶鬲的形制而制成的。

伯矩鬲

伯矩鬲是中国西周早期青铜器，1975 年出土于北京房山琉璃河镇黄土坡村 251 号燕国墓。高 33 厘米，口径 22.9 厘米，重 8.25 千克。首都博物馆藏。

此器全身以牛首为主要装饰，造型华丽。器物造型为立耳、三袋形足，

有平盖。鬲颈部饰一圈夔纹。在器
腹连三袋足的体积感最强部位，装
饰以大型的浮雕牛首，牛角尖端突
起于器表。器盖上前后对称地饰一
对同形的牛首，牛角翘起，与鬲耳
相抵。在两牛首相接的中线位置铸
一环纽，纽的两面饰一小型的立体
牛首。全器装饰立体与浮雕的牛首

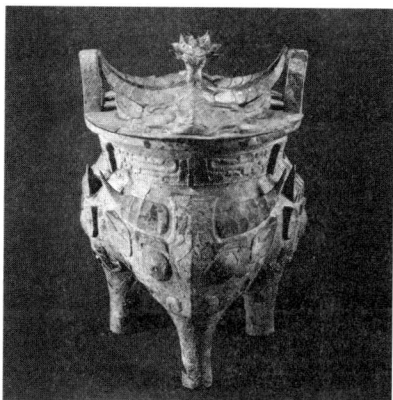

伯矩鬲

共 7 个。整个器形端庄厚重，纹饰大方，不加地纹，而由立体的牛首和
翘起的牛角、耳等细部所强化的轮廓线则是富有装饰性的。有铭文 15 字，
记贵族伯矩受燕侯赏赐贝，为纪念而作器。

刖刑奴隶守门鬲

　　刖刑奴隶守门鬲是中国西周青铜器，已发现有数件。扶风文物管理
所藏的一件，1976 年出土于陕西省扶风县庄白 1 号青铜器窖。通高 17.7
厘米，重 1.6 千克，年代为西周中期。上部为方形，口沿下饰窃曲纹，附耳，
四角以返顾之立体龙形为饰。下部为屋形，正面有双扇板门，可以启闭。
左门外铸有刖刑守门奴隶形象，裸身，头后有髻，无双足，屈身怀抱门闩。
屋左右有十字棂格窗户，屋背面为透雕窃曲纹，屋四角有鸟形足。内蒙
古小黑石沟西周中后期——春秋时期的陵墓中出土的一件与之相似。另
有故宫博物院藏品刖人鬲，通高 13.5 厘米，属西周中晚期。造型较单纯，
上部为方鼎形，饰窃曲纹、波纹两重纹饰，无耳。下部为屋形，左门外

刖刑奴隶守门鬲
（扶风文物管理所藏）

铸守门奴隶，男性，裸体站立，无左胫，左手持门闩。山西闻喜还出土一件刖人守囿铜挽车，器身长方形，前方开门，有刖人看守。车下有伏虎，车上有飞鸟、猴、龙、虎等装饰以象园囿，制作灵巧。

刖刑是去足的酷刑，为古代五刑之一。上述铜器可与文献印证，正是奴隶制社会生活的反映，也反映当时艺术力求如实再现现实生活的倾向。

甑

甑是中国古代炊具，蒸食用具，为甗的上半部分，与鬲通过镂空的箅相连，用来放置食物，利用鬲中的蒸汽将甑中的食物煮熟。单独的甑很少见，多为圆形，有耳或无耳。器身似盆或罐，大口，腹壁斜直，平底，底部分布着数目不等的小孔。常与鬲配套使用，仰韶文化、龙山文化、河姆渡文化等新石器时代遗址中均有出土，商周至战国时代一直沿用。

仰韶村文化遗址和大河村文化遗址中，均出现带甑的红陶鬶。大汶口文化和龙山文化遗址中，均出现有灰陶甑和灰陶鬶。而且常见有甑、鬲连体出现。夏文化遗址仍出现有陶鬲、陶甑。到商、周时期已步入青铜时代。在贵族墓中，常出现青铜鬲和甑鬲连体的青铜甗，而且还出现了一灶多甑的青铜甗。但在奴隶和平民中，仍使用陶鬲、陶甑。秦、汉时期，铁已被大量利用，煮饭的铁锅，亦已普遍使用，陶鬲和陶甑，逐渐被淘汰，但庶民百姓中仍用。到汉代，陶甗的使用已达到成熟阶段。墓葬中多见鼎、鬲、灶、甑之类的陶制明器。至两晋、南北朝墓葬中，仍有少见。隋、唐以后的墓葬中，便不见陶甗这类明器了。典型器物有三杨庄汉代建筑遗址出土的陶甗。

妇好三联甗

妇好三联甗是中国商代晚期大型青铜礼器，1976 年出土于河南省安阳市殷墟妇好墓，因铸有"妇好"二字，故名。甗高 44.5 厘米，器身长 103.7 厘米，宽 27 厘米，重量 138.2 千克。现藏中国国家博物馆。

全器由 4 部分构成。下部是有如条案的长方形器身，上部为 3 件可分置的大甑。器身的台面分左、中、右开 3 个甗孔，甗孔连接喇叭形甗腰，略高于平台。4 个侧立面陡直，前、后立面的正中及台面四隅分设一足。3 件甑大小、形制相同，均作深斜腹双附耳，底部均匀开 3 枚扇形汽孔。器身足部未加装饰，但台面及 4 个立面均有花纹。台面设 3 条蟠龙绕甗腰爬行，四角各饰牛首。侧立面的图案按前后对称和左右对称设计。前、后立面的主题纹饰是 5 条同向爬行的夔龙，相互间以圆涡纹隔开，夔龙下方是三角纹；左、右立面的主题纹饰是单条夔龙，两端也间以涡纹。3 件甑形制、大小一致，均作深腹双附耳，底部开 3 个扇面形汽孔。甑的体外饰一周爬行夔龙。器身与甑均铸有"妇好"二字。器身的铸铭在台面中间的甗腰内壁；甑上的铸铭在甑口内壁及外壁耳下方。

此器案面有丝织品印痕，腹足有烟炱痕。三联甗将 3 件甑与带中空腔体的长方形器身相连，实现了"一鬲挑三甑"。器身如同灶台，中空的腔体如同鬲腹，可以煮水，下面的六足之间可以燃薪。3 件甑与甗腰相连后，煮沸的蒸汽可同时穿透 3 件甑底。若 3 件甑放置不同食物，可达到同时煮熟的效果，并且还能保温。

妇好三联甗系妇好墓的随葬品，器铭"妇好"二字，记录了墓主人身份。妇好其人，大量见诸甲骨卜辞，系商王武丁配偶。此器在识别墓主人身份方面起到了重要作用。妇好三联甗体量巨大、构思巧妙，纹饰神秘而不失秀美，是商代王室重器，反映了商人杰出的设计理念和高超的铸器水平。

簋

簋是中国古代青铜盛食器。青铜簋铭文中自名为"毁"，作器物盛食、以手持匕取食之形，或仅简作器物盛食形。文献中"簋"字为后起，从竹从皿，或因当时的簋也有以竹木为之者。"簋"字出而"毁"字废。青铜簋出现于商代前期，沿用至战国早期。

铜簋基本形制为圆形、大口、深腹、圈足，或有盖。用途是盛黍稷稻粱一类饭食，簋盖也可翻置盛食。最初多无盖、耳，商代晚期至西周早期簋腹两侧始有双耳，有的耳底更有被称作"珥"的下垂部分，少数有前后左右四耳，商晚期珥一般作钩状，西周早期珥多作长方形。西周早期有圈足底加方座的形制。西周中期以后簋多有盖，圈足下多接三小足。青铜簋纹饰铸于颈、腹、圈足及盖上，纹样随时代而变化。铭文铸于器内或盖内，商代少铭，一般一到数字，西周多有成篇记事。

青铜簋是商周时期的重要礼器，周代常以不同数目、规格的簋与鼎相组合，为用鼎制度的组成部分。春秋中期以后簋退出随葬礼器组合。

班 簋

班簋是中国西周中期青铜器，系西周穆王时贵族毛班所作。何时何地出土无考，见于《西清古鉴》，为清宫旧藏，八国联军占领北京时散出。1972 年北京市文物管理处拣选修复，现藏首都博物馆。

簋通高 27.7 厘米，口径 26 厘米。垂腹盆形，四耳饰兽首，下垂长珥作为支柱，其后又另有小珥。外侧柱形珥状如象鼻，下垂超出圈足，成为整器的实际承托。口沿下饰囧纹，腹部以附耳为中心，设四组阳线兽面纹。低圈足，无纹饰。内底有铭 20 行，197 字。铭文主要记载穆王命毛班伐东国痛戎的史实，可分为 5 段：①穆王命令毛伯继承虢成公的官位，夹辅王位，监管繁、蜀、巢 3 个方国。②命令毛公统率各诸侯、徒兵、车兵及国人去讨伐东国的痛戎。③命令吴伯作为毛父的左师，吕伯为毛父的右师，并命令他们的族人一起出征，在 3 年内完成对东国的靖乱任务。④毛公班师告捷于周王，禀告说，那里的顽民们真愚蠢，完全不明天命，故而自取灭亡。⑤毛班拜手叩首，颂扬父考蒙受周王室美好的福荫，并排列了从文王到班本人的辈分，表明他是文王和王姒的"圣孙"毛叔郑的孙子，显示他属于

班簋

最显赫的贵族世家。

器主名班，是铭文中提到的毛伯的后辈，因而亦可称为毛班。毛班之名，见于《穆天子传》，称为毛斑。据说，穆王晚年，毛公斑、共公利和逄公周率师伐犬戎，可见毛班是穆王时代的一位军事统帅。此簋铭文书体和纹饰的风格亦属穆王时代。有关穆王时代伐东国之事，史无记载，此簋铭文内容可补史籍的不足。

利　簋

利簋是中国西周武王时期青铜器，1976年陕西省临潼县（今西安市临潼区）零口乡西周窖藏出土。簋高28厘米，口径22厘米，重7.95千克。现藏中国国家博物馆。

器物侈口，深腹，圈足连铸方座，双耳垂珥，作兽首口衔鸟头之状。器腹及方座饰兽面纹、龙纹，圈足饰龙纹，均以雷纹为地，方座平面四角饰蝉纹。这种圈足连铸方座的簋是西周初期新出现的形式。簋腹内底铸铭文4行32字："珷（武王）征商，佳（惟）甲子朝，岁鼎，克昏夙又商。辛未，王在斄（管）自，易右吏利金，用乍（作）檀公宝隣（尊）彝。"大意是周武王征伐商纣，在甲子之日的早晨，岁星正当其位，昭示战争有利于周，能够在一夜之内占有商。八天后之辛未日，武王在斄（管）地的师旅驻地，赏右吏利青铜，利因此而制作祭祀先人檀公的宝器。对于铭文中的"岁鼎，克昏夙又商"，学术界有不同的解释。对其中的"岁鼎"，或认为即岁贞，指贞问一岁之大事；或认为是越鼎，即周武王伐纣夺鼎；但一般多主张指岁星当位。簋铭中的甲子纪时，印证了《逸周书·世俘解》《尚书·牧誓》《史记·周本纪》等文献对武王伐商历日的记载。

利簋是已知年代最早的记录商周王朝更替大事的青铜器，具有重要的史料价值。

史密簋

史密簋是中国西周晚期青铜器，因作器者名"史密"而得名。1986年陕西省安康县（今安康市汉滨区）王家坝出土，现藏安康博物馆。

该器残高 13 厘米，口径 20.5 厘米，最大腹外径 25.3 厘米。器残破不全，器形为弇口，鼓腹，兽首双耳已残失，圈足亦残缺。口下饰一周窃曲纹，腹部饰瓦纹。器尽管残缺，整器应为弇口鼓腹圈足簋（带附足），形制与 1961 年陕西西安市长安区马王镇张家坡西周铜器窖藏出土的伯喜簋、元年师旋簋相同，时代在西周中期偏晚。出土时内有一人头，后经发现者撬出，并将簋耳撬坏，现已遗失，仅剩两处残洞。

内底铸铭文 9 行 92 字（其中合文 2），记载了某年的十一月，周王命师俗、史密东征，恰逢南夷的肤、虎二部会同杞夷、舟夷，作乱不敬，大肆进攻东国。齐国的军队、族众、遂人等各种部队防守边邑，以避祸害。师俗率领齐国的军队、遂人从左翼攻伐长必，史密率领族众和莱、㯤两国军队殿后，跟随周朝的王师从右翼攻击长必。史密俘获敌军百人，赞颂天子的恩赏（铭文中省略了赏赐内容，或记于他器之中），为祭享先父乙伯制作了此簋。

参与这场战役的师俗还见于师酉鼎等器，是懿、孝时期重要的王臣、军事将领。齐国作为周王室的东方屏障，抵御来自东夷、淮夷的军事威胁发挥着重要作用。簋铭还揭示出诸侯部队不仅有常备军，还包括各宗族的族人及遂这级组织组成的部队，证实了传世文献关于乡遂制度的记载。

大豐簋

大豐簋是中国西周早期青铜器，因铭文中有"王又大豐"字句而得名。又因作器者为武王祭祀祖考时的助祭王臣天亡，故又名天亡簋。这一铜器是传世的周武王时期的标准铜器。相传清道光（1821～1850）末年与毛公鼎同出于陕西省岐山县。现藏中国国家博物馆。

簋四耳垂珥，方座，侈口。方座及器腹均饰以张口回身的龙纹。这种龙纹及四耳方座的器形，仅流行于西周初年武、成时期。器腹内有铭文 8 行、76 字。铭文先说王有大豐，泛舟于辟雍的池中。王祭祀于辟雍内的明堂。武王降命于助祭的天亡，让他襄助衣祀王父文王和大祭上帝。然后记述武王受到文王的护佑，终于灭商。作器者天亡在记述王命以后说明，为了称颂王的功德，因而作器以为纪念。铭文中的"大豐"即大礼，"衣祀"指遍祀先王，而"事喜上帝"的喜，即《诗经·商颂·玄鸟》中"大糦是烝"的糦，即祭上帝。铭中所记在辟雍举行祭祀等，是研究西周初年祭祀制度的珍贵史料。

宜侯夨簋

宜侯夨簋是中国西周康王时期青铜器，因作器者为宜侯夨而得名。据唐兰考证，宜侯夨即周族领袖古公亶父次子仲雍的曾孙周章。此簋

1954 年出土于江苏丹徒（今镇江市丹徒区）烟墩山西周墓中。现藏中国国家博物馆。

簋通高 15.7 厘米，口径 22.5 厘米，腹深 10.5 厘米，足径 18 厘米。圆腹四耳，高圈足，圈足上有钩形扉棱 4 个。腹外以凸起的大旋涡纹为主题纹饰，圈足饰夔龙纹。器内底部铸铭文 12 行 126 字，除泐损者外，现存 116 字。内容大致可分 3 段：首记康王省视武王、成王伐商时的军事地图和东方各邦国的疆域图，并在宜地宗庙行祭祀之礼；再录周王册命夨为宜侯的诰文；最后记夨在受赏赐后，称颂周王的美德，并制作祭祀先父虞公的礼器以示纪念。铭记述周康王封夨为宜侯，并赏夨以器物、土田、奴隶等，有助于研究西周初期周王朝的分封与江南开发的情况，有助于研究

宜侯夨簋

周初的分封、政体问题，是研究西周历史的重要资料。

此器与令彝、令尊、令毁 应是一人所作之器，但诸器制作有先后。铭文中的宜地，研究者多认为在今丹徒附近；也有学者认为在今河南洛阳之西的华县（今渭南市华州区）或宜阳一带。

柞伯簋

柞伯簋是中国西周早期青铜器，因作器者的身份为"柞伯"而得名。时代在西周早期偏晚。1993 年春出土于河南省平顶山市新城区滍阳镇

义学岗应国墓地 242 号墓。现藏平顶山博物馆。

器物通高 16.5 厘米, 口径 17 厘米, 耳间距 24 厘米, 支座高 6.3 厘米, 重 2.15 千克。器形为侈口, 束颈, 腹两侧有一对兽首耳, 下有钩状垂珥, 鼓腹, 矮圈足, 圈足下又加铸喇叭形高座。颈部前后饰浮雕虎头和云雷纹组成的夔纹, 腹饰云雷纹组成的饕餮纹, 圈足饰目雷纹。此簋腹部形制与北京房山琉璃河燕国墓地出土的攸簋相同。

内底铸铭 8 行 74 字, 内容记载了某年的八月庚申日, 王在宗周举行大射礼, 王命南宫率领众王臣为一组, 师父率领小臣为一组, 陈列赤铜十钣作为奖品。柞伯在比赛中连射十次皆中。王将赤铜十钣赏赐给柞伯, 接着又赏赐乐器。柞伯为祭享周公铸造了此簋。

柞伯簋铭文是研究西周射礼的重要资料, 可补文献之阙。柞, 文献作"胙", 柞国乃"周公之胤", 这位柞伯即柞国的始封君, 第一代柞伯。参加射礼的南宫即盂鼎的作器者盂, 是康、昭二世的王室重臣, 昭王时期曾讨伐虎方, 并随昭王南征。

秦公簋

秦公簋是中国春秋晚期秦国青铜器。现存世有多件秦公簋, 此件为知名度最高的一件。据铭文记载, 该簋系春秋晚期秦景公所作。传 1921 年出土于甘肃省天水市庙山, 后为甘肃都督张广建收藏。1923 年, 王国维撰《秦公敦跋》进行考释。现藏中国国家博物馆。

器通高 19.8 厘米、口径 18.5 厘米、足径 19.5 厘米。铜簋为圆形, 盖器相合略呈球状。圈足式盖纽, 双竖耳, 圈足外撇。盖器近口处各饰一条勾连形蟠螭纹，其上下均饰瓦纹，只是盖上部的瓦纹稍显模糊。双耳上部有立体的兽首装饰，圈足饰波带纹。

盖内有铭文 54 字，器内有铭文 51 字，器、盖联铭，合成一篇完整的祭文，计 105 字。另有秦汉间刻辞 18 字，共计 123 字。铭文全篇以秦公语气，对先祖功业进行歌颂，向天地与祖神祈福，也抒发了秦公本人继承祖业，奋发治国的信念。铭文内容对研究秦国的君统世系、宗法制度、文化传承和国势状况等都有较大价值。

器盖上的秦汉刻辞为"西一斗七升太半升盖"，器身上的刻辞为"西元器一斗七升八奉簋"，应为记容量或重量之语。

铭文字体方正瘦劲，清丽潇洒，笔势承袭石鼓文的意蕴，奠定了秦篆的基本格调。与纹饰的制作相同，铭文的制作也使用了方块印模法，制字模时一一打就，字字连续印成，然后浇铸。这种把每个字刻成单个陶泥活字，再拼凑起来的铸铭工艺，与后世活字印刷术的原理相同，反映了青铜制作工艺的卓越成就。

豆

豆是中国古代食器，多为陶质和铜质。陶豆出现于新石器时代。出现时间早、分布广，从东部的海岱地区到北部燕山辽河一带再到南至珠江流域。在进入青铜时代后又出现了青铜制成的铜豆。铜豆仿自陶豆，出现于商代。器身等部位常见有纹饰。春秋战国时期盛行带盖豆，秦汉以降衰落。

器型为浅盘或浅钵形，下附高圈足。器足有喇叭形、镂孔喇叭形、竹节细把形、高柄把形等。器身有直腹、束腹等。纹饰有星云纹、饕餮纹、云雷纹、弦纹，以及战国时期的作战狩猎纹等。质地有青铜、玉、瓷、髹漆、彩陶、黑陶、白陶、褐陶、灰陶等。早期的豆亦有镂空、刻花、堆塑等。豆衰落后，逐渐由盛取食物的器皿演变成祭器。直到清代，豆仍然在一些祭祀场合被使用。

豳公盨

豳公盨是中国西周中期盛食器。北京保利艺术博物馆于 2002 年从海外抢救收藏。该器仅存器身，盨盖缺失，高 11.8 厘米，口径 24.8 厘米，重 2.5 千克。器略侈口，束颈，腹稍鼓，兽首双耳，圈足四面有凹口。器口沿饰分尾鸟纹，腹饰瓦沟纹。器内底铸铭文 98 字，内容是豳地封君豳公记述"天命禹敷土，堕山濬川"的治水过程与方式，以及"差地设征，降民监德"等情况。铭文还围绕大禹德治，颂扬为政以德的典范政治，即"民好明德，顾在天下""心好德，婚媾亦唯协"。

豳公盨

全篇重点在于阐述德对于治国、社会安定的重要性。盨铭字距拉开，文字整齐匀称，行款疏朗，字体秀美，堪称两周金文典范。本篇铭文提供了大禹治水之事在文物上的最早例证，对于研究中国上古史、古代思想史、古代地理学及中国古籍的渊源，都具有十分重要的学术价值。

驹父盨

驹父盨是中国西周晚期青铜器，系周宣王时期驹父所铸。1974 年陕西省武功县金龙村西周遗址出土。器身已失，仅存盖。高 8 厘米，口径纵 25 厘米、横 17 厘米，盖深 5 厘米，重 1.7 千克。现藏陕西历史博物馆。

盖钮作四扁足，足饰卷云纹。盖顶饰蟠夔纹，中心有椭圆形乳凸。足周饰瓦纹。沿饰重环纹。盖内铸铭文 82 字。大意是，周宣王十八年正月，南仲邦父命驹父出使南方诸侯小国，率领高父往南淮夷催纳贡赋。告诫驹父，要兼敬淮夷风俗习惯。于是淮夷不敢不对王命表示敬畏，恭迎驹父，献纳贡赋。驹父受命到达淮夷，大小诸邦无不贮积财物，全都顺从王命，交纳贡赋。四月，驹父与高父返回到上蔡，制作此盨。

铭文记录了驹父受命出使淮夷，催纳贡赋的经过。从驹父此行的态度、方式与结果看，西周晚期周王朝与淮夷的关系发生了转变。

遂公盨

遂公盨是中国西周中期青铜器，又称豳公盨、燹公盨。遂公盨是遂国国君"遂公"所铸的青铜礼器。器高 11.8 厘米、口长 24.8 厘米，重 2.5 千克。2002 年由境外回购，入藏保利艺术博物馆。

器身圆角长方形，失盖。下附圈足，兽首双耳，耳圈内侧原来衔有圆环，已失。直口，微鼓腹，圈足正中有尖扩弧形缺口。通体饰宽瓦棱纹，口沿饰分尾长鸟纹，长边四鸟，短边二鸟，鸟首均面向中棱，相对排列。内底铸有铭文10行98字。记述了大禹采用不同的方法平息水患，划定九州，并且根据各地的土壤条件规定贡献。

遂公盨将大禹治水的文献记载提早了六七百年，是已知年代最早的关于大禹的可靠文字记录，对于研究夏代历史具有重要意义。遂公之国是虞舜之后，位于山东宁阳左近，传世史料极少。"德"在《诗经》《尚书》和金文中是非常重要的中心观念。盨铭中"德"字前后出现6次，充分显示了西周时期尤其是遂国对"德"的重视。铭文的体例与众不同，堪称一篇政论性质的散文，其文辞、体例在两周金文中未见，对重建夏代历史、西周政治思想、儒家思想的起源及文章书体的起源均有十分重要的价值。

宋公栾簠

宋公栾簠是中国春秋晚期宋国青铜器，系宋国国君宋景公为其妹所作媵器。1978年河南省固始县侯古堆1号墓出土，共一对，现分藏河南博物院与中国文字博物馆。

簠由形制和大小相同的器身与器盖两部分扣合组成。单件器体（盖）作长方形口。长33.85厘米，宽25.67厘米，高11.1厘米。腹外布满云雷纹。外带双兽形器耳。镂空方足。

簠腹部有20字铭文"有殷天乙唐（汤）孙，宋公栾作其妹句吴夫人季子媵簠"。铭文保存了两条重要的史料：一是宋国国君自称成汤之后，直接印证了《史记·宋微子世家》等文献有关周初封微子于宋"以续商祀"之事；二是记录了春秋时期宋、吴两国通婚的史实。

侯古堆 1 号墓所出文物除宋公栾铜簠之外，还有"宋公栾之造戈"，以及九鼎、九钟、八镈、二壶、二方豆、一罍、一盉、一壶等青铜器。此外还有漆雕木瑟、木鼓、鼗鼓、肩舆等文物。许多器物吴文化特征明显，反映了春秋时期宋、吴两国的技术与艺术成就，以及两国之间密切的政治、文化关系。

爵

爵是中国古代青铜饮酒器或盛酒器。爵出现于年代相当于夏代的二里头文化时期，盛行于商代，流行至西周早中期，以后基本不见。东周文献中的"爵"用为专名或饮酒器通名，与商至西周爵的形制当有区别。爵的用途，自宋人定名以后，被认为是饮酒器，今多认为是温酒器。较成熟形态的陶爵始于二里头文化早期，或认为已是礼器。到商代晚期偏晚普通陶爵开始衰落，同时出现完全仿铜爵作随葬明器用的陶爵，并延续到西周前期。商代晚期的刻纹白陶中有爵，也是仿铜礼器。青铜爵由陶爵演变而来，始见于二里头文化中晚期，是已知出现最早的青铜礼器。

青铜爵的基本形制为：较深的筒状腹，口缘前有槽形流，后有尖叶形尾，器腹一侧有鋬（把手），口上立双柱，腹下有三足；亦有作单柱者，个别有盖。二里头文化和商代早期的铜爵，横截面多作橄榄形，束腰平底，棱锥足，流、尾较平，无柱或流根处有钉状小矮柱，尾多不发达。以后腹渐圆，底渐圆，尾渐长，流尾上扬弧度渐大，柱渐高且离流内移。至商代晚期发展为圆筒形腹，卵底，高柱近流，菌状或伞状柱帽。

西周早期三足多为扁刀形，外撇较甚，柱离流稍远。西周中期腹部略浅而倾垂，三扁足外撇更甚，柱已近鋬。商末周初还有少量四足方体爵。早期铜爵多素面，或于腹上部饰一带纹饰，晚期饰于颈部及流、尾下。铭文多铸于鋬下或尾上，一般一二字，多者数字。

二里头铜爵

二里头铜爵是中国已知最早的青铜容器。二里头文化遗址中所发现的以及各地采集、收藏的相当于此一时期的铜爵共有 10 余件，造型互有差异，表现出尚未定型的早期特征。比较典型的为 1975 年发现于河南偃师四角楼的一件铜爵，通高 22.5 厘米、流至尾长 31.5 厘米，造型挺拔、匀称，但又较为单薄、纤弱，具备了爵类造型的基本特征，却还不够成熟。其胎很薄，仅约 0.1 厘米，为了加固，在口沿周边隆起一道凸棱，流至口的转折部位有两个短柱。爵身束腰，平底，纹饰简单，仅在腹部一面有两道凸线，中间排列 5 个乳钉。鋬较长，有两个镂孔，三足尖细，各自向外撑开，鋬下的一足较长。重心稳定，没有其他同时期爵常见的头重脚轻之弊。流至尾长度大于器身高度，由于流窄而细长，尾阔，末端尖锐，在感觉上是平衡的。

二里头铜爵

盉

盉是中国古代酒器。形状一般为圆口，深腹，有盖，前有流，后有鋬，下有三足或四足，盖和鋬之间相连。新石器时代的盉多为陶制，商周时期盛行青铜盉。西周时出现原始青瓷盉。春秋战国继续烧制，式样仿照青铜盉，有流和提梁，流作兽头形。有的流与腹部不通，属明器。汉代仍有少量生产，隋唐时期造型新颖别致。

克 盉

克盉是中国西周早期青铜器，1986年出土于北京琉璃河故城（今北京房山区琉璃河镇）。现藏首都博物馆。

器物通高 26.8 厘米，口径 14 厘米。侈口方唇，短直颈，鼓腹，分档，管状流，兽首鋬。上承半环形钮的器盖，盖有环链与鋬相连。下置四柱足。盖面和颈部饰长尾凤鸟纹，云雷地纹。盖内和器口内侧铸有 43 字同铭。

克盉

人面盉

人面盉是中国商代后期青铜器。传为河南省安阳殷墟出土。高 18.1 厘米，口径 12 厘米，宽 20.8 厘米，重 2.78 千克。美国弗利尔美术馆藏。

此器造型奇特，器形介于盉与卣之间，其腹前有管状流似盉，圈无

人面盉

足；两侧有牺首形穿鼻，与器盖上人面的双耳上圆孔相对应，可供穿系。

器盖为一生有双角的浮雕人面，眉与眼辅以阴刻线，眼球突起，中心凹下作瞳孔，眉毛以斜排线刻出。鼻大，额上刻"V"形皱纹三道。头顶上有阴刻两夔纹。器身背后与人面形器盖的头顶部相连接处刻龙身，左旋，缠绕于器身，与器腹下部的回形纹饰自然泯合。龙的两足由器身两侧生出伸向前方，爪的前方，左右各有一有角无爪的龙形纹饰，张口，衔住管状流。爪后左右有一侧立一倒立的夔纹。清代《西清古鉴》著录有一青铜簋，花纹形制与此器相似。

觚

觚是中国古代青铜饮酒器或盛酒器。今所称青铜觚，是宋人据东周文献所记饮酒器觚定名，其字不见于甲骨文和金文。觚器实物于西周中期后已无，是否即文献中所说之觚，尚无法确定。新石器时代晚期已有陶觚，是由筒状陶杯（或称觚形杯）演变而来。年代相当于夏代的二里头文化，除陶觚外还有漆觚，或认为均属于礼器。二里头文化晚期出现个别青铜觚，商代青铜觚流行。基本形制为喇叭形口，圆形长筒状身，斜张的弧腹，斜坡状高圈足。商代晚期中段以前，铜觚有粗体、细体两种。粗体觚相对较粗矮，腹壁弧曲斜张程度不大，通高多不超过20厘米。细体觚体细长，腹壁弧曲斜张程度较大，通高多在20厘米以上。更有形体极瘦长、腹壁极斜张者，通高在 30 厘米左右。此外，商代晚期还有少量方形觚。铜觚纹饰常分颈、中腰和圈足三区布置，较典型的纹样是颈下饰细长的蕉叶纹。铭文一般仅一至几字，个别的可有十几字。商代贵族墓中铜觚常与铜爵共出，特别是商代晚期觚、爵等量相配，成为当时礼器组合的核心部分。西周早期铜觚数量减少，中期后消失。宋以后有供赏玩的仿商周器的铜觚。

觯

觯是中国古代汉族酒器。敞口，深腹，圈足，形状似尊但比尊略小。新石器时代晚期的良渚文化及商周遗址均有出土，流行于商代晚期和西周早期，东周以后消失。

尊

尊是中国古代青铜盛酒器。商周金文中的"障"可读作"尊"，常与"彝"连文，是青铜礼器的共名，先秦文献中的"尊"是盛酒器的通称。陶尊出现于年代相当于夏代的二里头文化时期，形制为大口、深腹、斜壁、凸肩、平底，至商代早期极为流行而形制略有变化。西周早期仍见，以后消失。商代还有少量原始青瓷尊和刻纹白陶尊。青铜尊源于陶尊，基本形制为圆腹粗鼓，大侈口，高圈足。分有肩和无肩两类。有肩尊束颈，折肩，肩较宽，又分圆、方二型。折肩圆尊始见于商代早期偏晚，口径略大于肩径，圈足较矮，至商代晚期中段口径大于肩颈，圈足较高，形体相对瘦长。折肩方尊的口、颈、腹、足皆方，口径大于肩径，见于商代晚期。也有口圆而腹足皆方，肩部较窄或不甚明显者，见于西周早期。无肩尊形体似瓿而粗，始见于商代晚期，沿用至西周中期。以后中原和关中地区不见，但春秋时江淮地区仍有。宋以后则有仿古的青铜尊和瓷尊。青铜尊的尊体往往满饰精美花纹。有些折肩尊的肩、腹部附饰牛、羊、龙、虎等动物形象，以立雕的头部与浮雕或线雕的身躯相配合，形象生动。西周尊还多于器腹上下通饰有四道凸棱，上端侈出口外。商尊铭文少见，有也不过几字，西周尊或有较长的成篇记事。商周青铜器中有一类整体造型作鸟兽形的盛酒器，今统称为鸟兽形尊，如象尊、牛尊、羊尊、鸱鸮尊等，多铸造精美，有很高的艺术价值。

彭 尊

彭尊是中国商代晚期青铜器。1994 年出土于河南省安阳市殷墟大司空东地 7 号墓，属殷墟铜器第四期。现藏殷墟博物馆。

器物高 24.5 厘米，口径 20 厘米，圈足径 14.1 厘米，重 2.6 千克。呈瓿形。侈口，小方唇，深腹，下腹微鼓，喇叭形高圈足。下腹部饰两组独立兽面纹，圆泡形兽目和长脊棱鼻梁凸显于兽面纹之上，兽面纹两侧各饰两个小倒夔纹，在兽面纹上、下各饰一周联珠纹。鼓腹以上饰两周凸弦纹。圈足上端饰两周凸弦纹，其下饰以云雷纹为地纹的三组变形夔纹。

器腹内壁有 3 行 12 字铭文。意为辛丑日，名"亚"之人赏赐"彭"铜锭，彭用此铜锭为其母"丁"铸造了这件铜尊，故称之为彭尊。彭尊虽形制简单，却是已知殷墟出土的唯一一件带有长篇叙事铭文的铜尊。

何　尊

何尊是中国西周初年第一件有纪年铭的铜器，为周成王五年（前1038）名何者所作。1965年出土于陕西宝鸡。现藏宝鸡青铜器博物院。

尊为圆口方体。口径28.8厘米，通高38.8厘米，颈饰兽形蕉叶纹及蛇纹，中腹及圈足皆饰兽面纹，雷纹地，高浮雕。外壁有4条竖的扉棱。铭文在器内底部，共12行，现存119字（破洞处损泐约3字）。铭文内容为，周成王"初䢔宅邘成周"，福祭武王。四月丙戌日，王在京室训诰小子。

文中说：何的父亲辅弼周文王，很有贡献，文王接受上天授予的统治天下的大命。等到周武王攻克大邑商，则廷告于天说：我要建都于天下的中心，在这里统治民众。表明成王东迁是秉承武王遗志。最后王勉励何要敬祀他的父亲并和他父亲同样地夙夕奉公，辅佐王室。王赏赐何贝三十朋，何因此作尊，以为纪念。这是一篇完整的训诰。铭末的"隹王五祀"，即周成王五年。

铭文讲到成王"初䢔宅邘成周"（今洛阳东郊），是西周初年极为重要的史实，且表明当时的洛阳已被称为成周。铭文所记，可与《尚书》的《雒诰》《召诰》等篇互为补充。

何尊

万　尊

　　万尊是中国商代末期青铜器。尊高 26.3 厘米、口径 19.3 厘米。敞口，深腹，圈足。现存香港。器物纹饰在腹部及圈足。腹部纹饰分上、下两截，上截饰蕉叶纹，下截饰兽面及凤鸟。两截纹饰又由下截兽面上延的躯体与上截的蕉叶纹贯通。下截兽面纵向分为四组，前后两组与左右两组各自题材对称，前后为上、下叠加的双兽面构图。双兽面均鼓睛裂口，獠牙外露；左右题材也呈上、下叠加构图。上部为兽面，下部为相向而立的勾喙双鸟。双鸟之间为铸器时的分型面所在。图足饰相互对卧的两组夔龙。铭文见于器物腹内，共 5 行 36 字，记录商王配偶在"妇"与商王在太室内陈列膳肴，并奏庸献舞，获商王称颂并得赏赐，因而铸造了祭器，以为纪念。此器纹饰为商器仅见，铭文细致描绘了商王朝的宫廷生活，生动记录了当时的音乐演奏细节，在商代青铜器中具有特殊意义。

妇好鸮尊

　　妇好鸮尊是中国商代晚期青铜酒器。1976 年出土于河南安阳殷墟妇好墓。两件形制、花纹和大小均相同，现分别藏于中国国家博物馆和河南博物院。

　　器物整体呈站立鸮鸟形。通高分别为 45.9 厘米和 46.3 厘米，重约 16 千克。鸮头微昂，圆眼宽喙，小耳高冠，胸略外鼓，双翅并拢，两足粗壮有力，四爪着地，宽尾下垂，作站立状。头后开一半圆形口，上置盖。背后靠颈处有半环形兽首鋬。立雕的钝角鸮冠，冠面外侧饰羽纹，内侧饰倒夔纹；喙面饰小蝉纹，胸中部饰大蝉纹。颈两侧饰一身两头的怪夔纹，两侧的鸮翅均由一条长蛇盘绕而成，上饰菱形纹。鸮背部连同鋬内壁面饰大兽面纹。鋬下、尾上均有鸥鸮一只，圆眼尖喙，双足内屈，两翼展开，作飞翔状。盖作半球面，盖沿下有内折的子口，可与器口扣合。盖面前端有一小喙高冠立鸟，鸟后一龙，拱身卷尾，头上有两钝角。盖面饰大兽面纹。整器以云雷纹为地纹。两器均在器口内壁铸阴文"妇好"两字。

妇好鸮尊

　　鸮尊器形特殊，浮雕较多，铸造难度极高，采用分范合铸和复合浇铸等多种工艺铸造而成，与妇好墓同出的司母辛方鼎、三联甗、偶方彝等均为商代青铜铸造工艺水平的最佳代表。

四羊方尊

　　四羊方尊是中国商代青铜器，又称四羊尊，1938 年出土于湖南宁乡月山铺（今黄材镇龙泉村）。高 58.6 厘米，上口最大径 44.4 厘米，重 34.6 千克。中国国家博物馆藏。

　　四羊方尊为大型盛酒器。尊体瘦长，口、颈、腹、足的横截面均为方形。大口外侈，颈长，折肩较窄，浅腹微鼓，高圈足。器身四隅各铸一凸起的羊形。立雕的羊头高耸于肩部四隅，双角大而卷曲，面目清晰，鼻口宽大，栩栩如生。尊腹四隅为羊的前胸，四羊相合形成尊腹，圈足四隅两侧置羊腿。羊胸背饰鳞纹，两侧饰长冠鸟。尊四周

四羊方尊

肩上浮雕 4 条盘绕的龙，龙头立雕突出于肩中央。尊颈部饰蕉叶夔纹和兽面纹，圈足饰夔纹，全器上下以细云雷纹为地。此尊以分块陶范合范浇铸而成。羊头与尊体一次浑铸，羊角预先铸好后置于羊头陶范内，龙头亦分铸后置于尊范内，浇铸尊体时即互相咬接在一起。尊体四隅及每面中线合范处饰以镂空扉棱，以掩盖合范接缝及纹饰可能对合不正的痕迹，也饰补了器物边角的单调感。此尊造型装饰雄奇秀美，线条精丽刚劲，铸造精良，是中国古代青铜器中的精品，具有很高的艺术价值。

双羊尊

双羊尊是中国商代后期青铜器。已发现两件。一藏日本根津美术馆，高 45.4 厘米，口径 18.3 厘米；一藏大英博物馆，高约 45 厘米。两器为酒器，造型相似，而细部处理有别。器身皆作两羊相背之形，无后腿，腹部相连，背上承一筒形尊，左右对称，羊头部

双羊尊（大英博物馆藏）

较写实，身上饰鳞纹，肩部皆作蟠虺纹，尊上饰饕餮纹。大英博物馆所藏的双羊尊，头颈下有须，腹下有扉棱。

龙虎尊

龙虎尊是中国商代青铜器，1957 年出土于安徽省阜南县月儿河。高 50.5 厘米，口径 44.9 厘米重 26.2 千克。中国国家博物馆藏。

器物造型完美，大侈口，折肩，高圈足，颈部光洁，饰弦纹 3 道，主要装饰纹饰施于肩、腹部，以圆雕、浮雕与线刻相结合，组合成严整的画面。纹雕的结构以肩部的龙首与腹部的觚棱为界分为 3 组，每组正中为一首双身的虎，虎口衔一文身、屈四肢的裸体人形。虎首突起成圆雕。人两侧又各有一背向的夔龙，隔觚棱分别与其他两组夔纹相合，构成兽面纹。尊肩部有 3 条蜿蜒的游龙，龙首突出于器身之外，在每组纹饰上端，两伸出的龙首造型活泼，富于装饰性。同时，3 个龙首、觚棱、兽面，又独立地组成了另外 3 组画面，虎头则成为其侧面的装饰。这样就使全

龙虎尊

器具有了 6 个主要观赏面，构思严密而巧妙。圈足上部有一道弦纹，3 个十字形镂孔；下为阴刻的一圈兽面纹。器身为灰绿色，肩部龙首为分铸。

虎噬人的形象亦见于殷墟妇好墓所出的妇好钺和四川广汉三星堆遗址 1 号祭祀坑所出的龙虎尊。后者的造型、装饰意匠与阜南龙虎尊相同，但形象较稚拙，整体设计的完整性亦较之逊色。

鸭　尊

鸭尊是中国西周青铜器，1955 年 5 月出土于热河（今属内蒙古自

鸭尊

治区、河北省、辽宁省）凌源县海岛子营村。尊高 44.6 厘米，长 41.9 厘米，口径 12.7 厘米，重 6.6 千克。中国国家博物馆藏。鸭尊为盛酒器，通体做成鸭形，口开于背上。两足靠前，尾部加一支柱以保持平衡。造型写实，纹饰也比较单纯，仅在颈以下至躯体部位阴刻斜方格纹以示羽毛，两翼以浮雕凸线示意。

象　尊

象尊是中国古代青铜器造型，是商、西周青铜器中鸟兽形器物中较多见的器类，出土较多，以 1975 年出土于湖南醴陵狮形山的象尊最为著名。狮形山象尊高 22.5 厘米，长 26.5 厘米，重 27.7 千克，湖南博物院藏。造型生动精美，作站立状，形体圆浑饱满，四腿粗壮有力。背部有口，盖已失，长鼻上卷，鼻中空，与腹部相通。

象尊

鼻端塑作凤首形，顶部塑一卧虎，与象额部的一对盘曲的蛇相对。象身满布三层花的装饰花纹：耳下为鸟纹、兽面纹，前腿饰侧立虎纹，后腿饰兽面纹。

豕　尊

豕尊是中国商代晚期青铜器，1981 年出土于湖南省湘潭县。通高
40 厘米，全长 72 厘米，重 30 多千克。湖南博物院藏。

器物造型为站立的猪形，面长，有獠牙外露。背部有开口，口上有盖，
盖上立一戴冠的鸟。前、后肘部各有直径 1.4 厘米的圆孔，其间有管横
穿器身，推测可能为贯穿绳索，以便扛抬之用。周身纹饰结合躯体结构
选用不同纹样：头部施云纹；
四肢施倒立的夔纹，以云雷纹
为地；颈部、腹部施以较大面
积的鳞甲纹。其装饰手法既保
持造型的整体感，又富于变化，
与湖南出土的四羊方尊等有共
同的风格特色。整体比例关系

豕尊（湖南博物院藏）

与细部结构较准确，在商代鸟兽形青铜器中是写实性较强的作品。此外，
器身上有使用中多次修复的痕迹。

虎　尊

虎尊是中国西周时代青铜器，传出土于陕西省宝鸡市斗鸡台。共 1
对，各长 75.2 厘米。美国弗利尔美术馆藏。

背上有方口，盖已失。器物造型为伫立的虎形，长身，尾下垂。纹
饰结合躯体结构，饰以不同纹样。其总体形象承袭商代以来青铜、玉器
中虎的造型特点，有较强的装饰性而不十分写实。也与商代雕塑神秘的

虎尊

色彩不同，其正面虽瞠目，齿牙森列，但并无狰狞恐怖之感。《周礼·春官·司尊彝》记载，古代祭祀用的礼器中有虎彝，用于裸祭，但实物发现很少。

牛　尊

牛尊是中国西周中期青铜器，1967 年出土于陕西省岐山县贺家村。通高 24 厘米，长 38 厘米。陕西历史博物馆藏。

器作牛形而不十分写实。吻部平，开一小口。背上开口，有盖，上立虎形纽，盖以活链连于器身。尊体饰兽目交连纹和卷曲纹，盖饰回顾式卷尾龙纹，均用雷纹填地。此尊造型简练，纹饰华美流利，为西周中期动物形青铜器的代表作。

牛尊

牺　尊

牺尊是中国商周青铜器造型，系盛酒器。牺尊之名最早见于《诗经·鲁颂·閟宫》之"牺尊将将"。古人考证为刻木为牛形或饰牛状纹样的容酒器，而出土实物皆为青铜。青铜鸟兽形酒器中凡形象比较具体的，多为虎、牛、豕、羊、象等，习惯以其具体形象定名为虎尊、象尊等，

而对一些牛形尊或似牛而不易确指
兽形尊，也可笼统称为牺尊。著名
器物有1923年山西省浑源县李峪
村出土的牺尊，高33.7厘米，长
58.7厘米，重10.76千克，上海博
物馆藏。器作牛形，鼻上穿一圆环，
背上有三穴，各容一釜形盛酒器，

山西省浑源县李峪村出土的牺尊

今仅存其一，盖已失。牛的头、颈与躯体部分以模印法施加细密的饕餮
纹，颈部有一圈牛、虎、豹等动物小浮雕。为春秋后期青铜酒器。

鸟兽尊

鸟兽尊是中国商周青铜器中制作成鸟形或兽形的酒器。在《周礼》
等典籍中讲到祭祀活动中使用的青铜酒器"六尊六彝"中，鸡彝、鸟彝、
象尊、虎彝等名称都有实物可以印证，也有些名称如黄彝、山尊等尚无
法推知器物的造型样式。出土的青铜鸟兽尊中，有些如驹尊、犀尊，则
不见于文献记载。在祭祀活动中，
鸡彝、虎彝等器物主要用之于裸
（灌）祭，也就是洒酒于地的祭奠。

鸟兽尊主要盛行于商、西周时
期。商代鸟尊多作鸱鸮形状，兽尊
著名的有象尊、豕尊、犀尊、牛尊
等，多出土于湖南等南方地区。这

牛尊（湖南博物院藏）

些器物一般都周身布满饕餮、夔龙、鸟、蛇等纹饰，有的在器盖等部位还施加立体的动物形装饰，以作为把手。西周时期的鸟兽尊著名的有鸭尊、盠驹尊、虎尊等，与商代充满神秘气氛的鸟兽尊不同，造型趋于写实。东周以后鸟兽尊数量不多，造型和装饰追求豪华富丽，以鸟兽造型的青铜器更多见于器物支架、灯具等，成为贵族奢华生活的点缀品。

夔纹牺尊

夔纹牺尊是中国商代后期青铜器，1983年出土于陕西省洋县张村。通高约19厘米，通长约22厘米。洋县文物博物馆藏。器盖前端为兽首形，额部有凸起的虺纹一对，后端为饕餮形。脊部有两条透雕夔龙，前者为圆雕，后者扁平。尊体腹部饰大鸟纹，鸟爪下延至尊足，腹后部饰夔纹，有云雷地纹。此尊的盖与主体部分结构不密合，且风格不一致，疑为后来所配。

夔纹牺尊

错金银嵌绿松石铜牺尊

错金银嵌绿松石铜牺尊是中国战国后期青铜酒器，1965年出土于江苏省涟水县三里墩。高27.4厘米，长41.8厘米。南京博物院藏。器物作小兽形，昂首竖耳，四肢短小，口开于背上，有带纽盖。通体饰错金银卷云纹，并镶嵌绿松石，颈部有项圈，饰以镏金凸泡，器物造型生动，头部及肢体筋骨表现出较强的写实能力，纹饰华美，制作精工，是战国时期青铜器的代表性作品之一。

盠驹尊

盠驹尊是中国西周时代青铜器，1955 年出土于陕西省郿县（今宝鸡市眉县）李村西周窖穴。尊通高 32.4 厘米，长 34 厘米，重 5.68 千克。中国国家博物馆藏。器形写实，作驹形，昂首站立。腹腔中空，背开方口，有盖，似容酒浆，器身装饰简洁。驹颈部、胸前有铭文 9 行 94 字，盖铭 3 行 11 字。记述贵族盠参加周王举办的"执驹"典礼。盠受周王赐驹两匹，作器以纪荣宠。盠驹尊是西周时期写实动物雕塑的代表性作品，也是目前所知最早的驹形青铜器。

盠驹尊

小臣艅犀尊

小臣艅犀尊是中国商代晚期青铜器，因犀牛造型，故名。清道光（1821 ~ 1850）年间出土于山东寿张梁山（今山东省梁山县），为梁山七器之一。曾归曲阜孔府收藏，后流失海外。现藏美国旧金山亚洲艺术博物馆。器物高 24.5 厘米，长 37 厘米。犀牛头部眼、角、耳形象逼真，体态肥硕敦实，四足粗壮，三趾蹄。犀腹内空，腹背有椭圆孔，为器口所在。原应有盖，现已失。通体素面无纹饰。

犀尊造型独特，与常见的商周青铜器凝重威严的风格有显著区别，形态生动可爱。腹内有 4 行 27 字铭文："丁巳，王省夔京，王锡小臣艅夔贝，隹王来征人方。隹王十祀又五，彡日。"记商王十五年征讨人方，战役过程中商王省察夔地，并以贝赏赐小臣艅。铭文中的商王应系商朝最后一位国王帝辛。所载征人方事可与甲骨文征人方对证。

错金银铜犀尊

错金银铜犀尊是中国西汉时期青铜器，1963 年出土于陕西省兴平县（今兴平市）豆马村。尊高 34.4 厘米，长 58.1 厘米，重约 13.3 千克。中国国家博物馆藏。

错金银铜犀尊为写实的犀牛形象，眼睛以黑料镶嵌，闪烁有光，头部有双角，耳小，足为三瓣蹄，尾夹于股间。犀牛头部右侧口边有细管状的流。器口椭圆形，开于背部，上覆素面活动铜盖，可以启闭。犀牛躯体不同部位施加各类花纹，以形成相异的质感。犀身主要部分遍饰精细的错金银流云纹，华美的纹饰既具有很强的装饰效果，又有助于表现犀皮粗糙厚重的质感，使纹饰与造型得到完美的结合。

错金银铜犀尊

祖辛卣

祖辛卣是中国商代晚期青铜器，1965 年出土于河南省辉县（今辉县市）褚丘商代遗址。通高 25.5 厘米，口径 9～10 厘米，重 3 千克。原藏新乡市博物馆，现藏河南博物院。整器呈扁圆体，子母口。直口，短颈，垂腹外鼓，高圈足，桥形提梁。盖与器身有四条通体扉棱。盖上有柱钮，钮顶呈瓜棱形，盖面饰云雷纹为地的大鸟纹，盖缘饰长尾鸟纹。器颈部饰对称钩喙夔纹，前后置龙首提梁，上饰四个长躯夔龙纹；上腹饰直棱纹，中腹饰四组凤鸟纹，每组两两对称布局；圈足饰长尾鸟纹。盖内及器底均铸铭文"祖辛"两字。

这类提梁卣以直棱纹和大型凤鸟为装饰主题，又常被称为凤鸟卣。祖辛卣为此类器物代表。

虎食人卣

虎食人卣是中国商代后期青铜器，因整器作"虎食人"形而得名。共两件：一件相传出土于湖南省安化或宁乡、安化边界，现藏日本泉屋博古馆；另一件现藏法国赛努奇博物馆（简称赛努奇卣）。

泉屋卣高 35.7 厘米，重 5.09 千克；赛努奇卣高 35 厘米。两卣形制、纹饰基本相同。卣体作"虎食人"形。虎踞坐，以后爪和卷尾撑地，前爪抱持一人，张口欲噬人首；人作蹲踞状，身体与虎相对，头左转，发后披，两臂前伸触于虎身，两足踏虎后爪。器口开于虎后颈处，盖钮为立鹿形。自盖后端，沿虎脊至尾有扉棱，扉棱中部有勾状突起。提梁接于虎肩部，两端有兽首。虎前肢外侧饰顾首"瓶形"角夔纹和两个小夔纹，后肢外侧饰虎纹和一个兽首，背饰牛角兽首纹，尾饰鳞纹，后颈两侧近器口处饰象鼻夔纹。人穿有衣服，可见领口，上臂饰夔纹，下臂饰羽状纹,大腿至臀部饰蛇纹,蛇身有三角纹,小腿饰羽状纹。虎首与人首、臂之间,有对称的蛇纹。盖面两侧饰对称的夔纹。提梁正面饰长体夔纹。上述纹饰均以云雷纹为地。器外底饰阴线的"瓶形"角龙纹,龙纹两侧各有一鱼纹。

泉屋卣和赛努奇卣的差异有:①虎齿。前者相互分离而后者有的相连。②虎眼下鳞纹。前者 4 个,后者则只有 2 个。③虎前肢外侧的两个小夔纹。前者均为"瓶形"角,后者则只有下面一个是"瓶形"角,上面一个则只有叶形的耳。④人背部虎爪间距。前者较远并饰变形兽首,后者较近、无兽面纹。⑤人耳。前者较简单而后者较复杂。⑥领口所饰几何纹。前者四边多内凹,后者则四边较直,近菱形。⑦人臂所饰夔纹。前者张口、吻部上卷,后者则勾喙。⑧底部的两个鱼纹。前者方向相反,后者方向相同。

"虎食人"之形象,自商代前期到西周初年均有发现,寓意颇多争议。两件虎食人卣据纹饰风格看,时代应为商代后期(即殷墟时期),是当时南方地区产品。虎食人卣铸工精良、器形复杂、纹饰繁缛,具有很高的艺术价值,堪称商周青铜器中的瑰宝。

宰甫卣

宰甫卣是中国商代晚期青铜器,因作器者为宰甫而得名。晚清时期已出现,《愙斋集古录》最早著录其铭文,并误记之为敦。中华民国时期又先后被误认为是鼎、簋。1952 年,原器再次被发现,被菏泽市文物部门征集,现藏于菏泽市博物馆。

卣通高 31.5 厘米，口长径 14.9 厘米、短径 12.8 厘米，重 5.1 千克。盖面隆起，瓜棱形纽，下腹膨出，圈足外侈，提梁两端有兽首。器表锈蚀严重，纹饰不清，可辨盖面和器腹饰饕餮纹，盖缘饰夔纹，器颈有小兽首。

盖、器对铭，均 3 行 23 字，大意为：殷王自豆麓狩猎归来，在宴飨时赏赐给宰甫贝五串，宰甫因作此器以志其事。铭文中的王应是商王纣（帝辛）。豆作为商王田猎之地，亦见于卜辞。作器者名甫，宰为其官职，这类官职还见于宰椃角、宰丰骨匕铭文和黄组卜辞，是商王的近臣；宰甫在商王的这次田猎活动中随行，并参与了飨酒之礼（应为宰执掌之事），因此受到赏赐。作器之用途应是祭祀先人。

商代青铜器铭文一般字数较少，20 字以上已算长铭，基本出现在商代末年。宰甫卣铭文 23 字，对研究商代晚期的历史、地理和商代青铜器断代具有一定的价值。

商代豕卣

商代豕卣是中国商代后期青铜器，高 14.1 厘米，口径 9.1 厘米。上海博物馆藏。豕卣为酒器，器身作两豕相背之形，无后足，腹背相连成浑圆的容器，盖已失，口部略残，形象生动，工艺精工，小豕作俯首觅食之状，双目凸出，额上有毛角，

豕卣（上海博物馆藏）

周身饰精细相间的精密云雷纹。

贾伯壶

贾伯壶是中国西周晚期青铜器，系贾国国君为孟姬出嫁所铸，共一对两件。出土情况不详。原藏香港，2012 年入藏中国文字博物馆。

两器形制、尺寸、铭文相同。器高 40.5 厘米，含盖 48 厘米，宽 30厘米。平口。壶体横切面呈圆角方形。腹下部外鼓。颈下部铸有一周回首垂冠凤鸟纹，两侧附有龙形兽首环耳。腹部出田字形扉棱，无其他装饰。壶盖系子母口结构。以底圈为捉手。盖体外部环饰无目窃曲纹，盖内的顶部饰 S 型双龙纹。子口外侧铸有铭文 8 行 33 字："隹王二月，既死霸丁亥，贾伯作世孟姬尊壶，用享用孝，用祈万寿，子=孙=永宝用享。"

贾国历史，传世文献所见不多。《左传·桓公九年》《左传·庄公二十八年》曾记贾伯与晋国的交往。贾国所作之器，以往著录的有山西闻喜出土的西周晚期贾子匜和山东诸城出土的春秋晚期贾孙叔子犀盘。贾伯壶以实物资料证实贾国国君是《左传》中所记的"贾伯"，弥补了西周分封制度的资料的遗缺。

莲鹤方壶

莲鹤方壶是中国春秋时期郑国青铜器，1923 年出土于河南省新郑县（今新郑市）李家楼郑国国君墓，共一对两件。器形相同，体量相近。高约 126 厘米，重约 64 千克。现分藏河南博物院和故宫博物院。

整器略呈方形。由下而上分托座、圈足、器身、器盖四部分。托座

莲鹤方壶

由曲背卷尾饰有花斑的平行双虎构成。圈足由虎背承托，靠下一周为素面，靠上一周以成对猛虎装饰，每面一对，共8只猛虎。器身的腹部装饰分上、下两截，下截外鼓，四角各饰以回首下顾的蟠龙。四面正中饰兽首，两侧以交互龙纹填布。腹部上截纹饰按"前后对称"和"左右对称"布局。左右各饰1条向上攀缘的大型立体蟠龙，蟠龙的尾部延伸至壶腹部下截。

上截腹部的前后两侧也以浮雕蟠龙纹装饰，但图案明显小于左右两侧的立体蟠龙。器盖作覆钵形，顶部装饰最为精彩：由透空莲花瓣沿器盖周边展开，每面2瓣，四角各1瓣，共12瓣；器盖中心有立鹤站位中央，与周边花瓣形成呼应。立鹤昂首振翅，眺望远方，极其灵动。

莲鹤方壶工艺上精模细范、高浅结合。技术上分铸焊接、配合巧妙，内涵上题材丰富、寓意深刻，效果上衡稳匀称、丰满立体，表现出瑰丽的装饰效果，被誉为中国古代青铜器设计与装饰艺术的巅峰之作。

宴乐采桑狩猎攻战纹壶

宴乐采桑狩猎攻战纹壶是中国战国时期青铜器，为盛酒器。通高31.6厘米，口径10.9厘米，重3.54千克。故宫博物院藏。器外壁自上而下分层雕刻贵族生活中的习射、采桑、宴乐、弋射和水陆交战图像。人物图案化，多作侧面剪影形式，人物之间的关系、活动内容、环境氛围都表现得清楚、生动。如妇女采桑情景优美而抒情。湖畔弋射，中箭的大雁下坠时箭尾所系的绳子在高空划出不同的弧形，显示了不同的时空过程。最下层是惨烈的攻城与舟战场景，令人想起《楚辞·国殇》中对战争的描写。

宴乐采桑狩猎攻战纹壶（线条图）

宴乐采桑狩猎攻战纹壶在四川成都百花潭中学和陕西凤翔高王寺窖藏也有出土，内容相似，而细部表现稍有差别。同类作品有的在凹刻的图像上镶嵌红铜或铅，有的填色，它们是汉代画像石的前身。

宴乐渔猎攻战纹壶

宴乐渔猎攻战纹壶是中国战国时期青铜器。造型、纹饰相似的有3

嵌错宴乐攻战纹铜壶（战国，四川成都出土）

件，一件为故宫博物院所藏，另两件分别于1965年出土于四川省成都市百花潭、1977年出土于陕西省凤翔县高王寺。器体造型均为战国早期流行的圆壶型，壶身布满异色金属镶嵌的图像，构图横向展开，多层配置。每层图像以斜角云纹饰带间隔。人物动作生动，均为侧影，不表现五官。每个人物均作单层平面排列，无纵深关系。图像表现技法尚显幼稚，但形象地展现了宴饮、战争、狩猎、采桑等活动,是了解战国社会生活与绘画的重要资料。直接表现生活的青铜器纹饰流行于春秋晚期和战国早期,除镶嵌图像外,还有花纹突起和刻纹两种表现形式,其题材不出上述范围,而以狩猎纹最为多见。

颂 壶

颂壶是中国西周后期青铜器。现存两件。一件藏中国国家博物馆,失盖,高约 51 厘米;另一件藏台北故宫博物院,连盖高 63 厘米。两件器物造型相同,铭文一致。国家博物馆藏器铭文位于器颈内壁,台北故宫博物院藏铭文位于器盖口外四周和器腹内,各 151 字,记贵族颂受周王册命和赏赐,作器以纪荣宠。

颂壶造型为西周后期流行之方壶类型,有盖,重心在器腹下部。颈部两侧有兽耳、套环。盖与圈足分别饰垂鳞纹,起棱,上下呼应。盖沿饰窃曲纹。壶腹部四面主体纹饰为浮雕蛟龙纹。蛟龙一首双身,突起于器表,其断面呈半圆形,辅以阴线刻纹,不施地纹。在蛟龙躯体上和纹饰空白部位,穿插以"C"形纹、夔纹。蛟尾在器腹转折处成龙首而与侧面蛟龙纹躯体相衔接。正、侧面纹饰结构严谨而又富于变化。壶颈部为波状纹(环带纹),其结构似为腹部蛟龙纹的抽象表现形式。上下曲线波谷与波峰相反相成,造成统一中的变化。整个壶体纹饰线条流畅活泼,为前所不曾见,它表现了青铜器艺术发展到西周后期审美倾向的新变化。

兕 觥

兕觥是中国商周青铜器造型,系盛酒器,故有的器物出土时腹内置

鸟兽纹觥（美国弗利尔美术馆藏）

酌酒勺。主要流行于商后期到西周中期。造型多追求华丽效果，遍体布满纹饰，少数作品朴素无华。基本造型特征为器盖作立体动物形，腹椭圆，有流及鋬，前昂后低，圈足或三四足。器身纹饰有的与盖上的头部相连，使整个器物构成完整的鸟、兽形体；有的上下不相连属，器腹单独以兽面或鸟形为饰。觥名称屡见于先秦古籍，但实物均无自铭，是否即古代用于礼仪场合的觥，学术界尚有不同意见。今通称觥的器类定名始自宋代《续考古图》，而前人每与水器中的匜类相混，近人王国维著《说觥》，始加以明确区分。由于觥以动物形体为造型或装饰，又每与酒器中的牺尊名称相混淆。

西周时期觥数量较少，近年发现的重要器物有西周早期的折觥、西周中期的日己觥等，均沿袭商代华丽的造型而又有所变化。折觥造型端庄华美，盖前沿为羊首，有下垂的大角。日己觥身后部加飘洒的长尾，刻有鸟尾羽的纹饰。两器器身部分方形，造型似方彝。折觥有铭文 40 个字，有重要历史价值。

父乙觥

父乙觥是中国商代后期青铜酒器。高 29.2 厘米，长 31.5 厘米，重 4.84 千克。上海博物馆藏。器由盖、器身两部分组成。盖前端作龙首形，两眼圆睁，有一对瓶形角；盖后端作牛首。腹部装饰以浮雕的大凤鸟纹，鸟爪直抵于圈足，盖、腹、圈足空处均饰以形体较小的凤鸟纹。器、盖同铭"兴父乙"3 字。

折觥

折觥是中国西周早期青铜器，1976 年出土于陕西省扶风县庄白村青铜器窖藏。通高 28.7 厘米，腹深 12.5 厘米，口纵 11.8 厘米，口横 7.0 厘米，重 9.1 千克。宝鸡青铜器博物院藏。

折觥属于盛酒器。盖前为垂角兽首，后端为饕餮纹浮雕，两侧饰夔龙纹，盖顶扉棱前端饰以相随的两兽。器身与圈足为方形，饰饕餮纹、夔龙纹，四周饰以扉棱 7 道，增强了外观的华美效果。器腹后部有兽形鋬，中部作鸟形，下部垂象鼻。制作精工，为西周青铜器中的重要代表性作品。器身上和盖内有相同铭文 40

折觥

字，唯行款稍异。铭文记周昭王十九年（前 977），昭王命令贵族作、册、折三人去给众相侯赏赐；同时，昭王又给折赏赐了青铜和奴仆；为宣扬王的美德，折为父亲乙铸造了这件折觥。铭文字体严正，具有书法价值。

散氏盘

散氏盘是中国西周中晚期青铜器，又称散盘，以铭文中有"散氏"而得名。有人认为作器者乃矢人，故又称矢人盘。据传清乾隆初年出土于陕西凤翔。原藏故宫博物院，现藏台北故宫博物院。

盘通高 20.6 厘米，深 9.8 厘米，口径 54.6 厘米，底径 41.4 厘米，重 21.31 千克。附耳，高圈足。腹饰夔纹，间以兽首三，足饰变形饕餮纹及窃曲纹。盘腹内有铭文 19 行、357 字，是一篇完整的契约。铭文大意为：因夨国侵害了散国的土地，故付土地给散国以为赔偿。夨人付与散氏的土地共有两块，一块是眉地之田，一块是井邑之田。文中对田所在的位置、四界、某封、某树，均作了详细的记述。在叙述划定田界以后，列记双方参加定界、盟誓的人名，其中夨国 15 人，散国 10 人。接着记述订约的时间和盟誓的内容。盟誓说：我既付给散氏田器，"濕田""墙田"，将来如若爽约，愿意承受惩罚。周王朝中管理讯讼的王臣也参加盟誓，以为佐证。铭文为说清眉田、井邑田的径界四至，列举了不少地名。清代以来，不少人曾对其地望作过考释，但往往失

散氏盘

于附会。近年来，考古工作者通过调查发掘，推定夨国应在陕西千河流域的千阳、陇县、宝鸡一带，铭文所说的冴，大概指现在的千河。因此所赔偿土地的位置也当在这一带。

盘铭中详细记载了核定土地径界及誓盟经过，为研究西周孝王、夷王以后土地制度的重要史料。

史墙盘

史墙盘是中国西周中期青铜器，1976 年 12 月出土于陕西省扶风县

庄白铜器窖藏中。现藏陕西周原博物馆。微氏家族中名墙者为纪念其先祖而作的铜盘。因作器者墙为史官而得名。盘铭记述了西周文、武、成、康、昭、穆六王的重要史迹以及作器者家世之事，对于研究西周的历史极为重要。铭文所记述的西周历史至穆王止，因此一般认为此器属共王时期。

史墙盘

盘通高 16.2 厘米，口径 47.3 厘米，深 8.6 厘米。圈足，双附耳。腹饰垂冠分尾长鸟纹，圈足饰窃曲纹，均用云雷纹填地。盘铭在腹内底部，铭文为 18 行、284 字，其中重文、合文 3 字。内容可分前后两部分：前半部歌颂文王至穆王的功德；后半部为墙自叙其家族自远祖以来历事周王朝的历史。微氏家族世代为周王室的史官，有人认为即微子之后，乃商之遗民。文献所载武王灭殷以后，微子启降周，并使其子来见周武王，即铭文中的"零武王既戈殷，微史刺祖迺来见武王"。至乙祖时出仕于周，为周王腹心之臣。铭文最末说明，墙为赞扬其先祖并祈求多福，而作器以为纪念。

曾侯乙尊盘

曾侯乙尊盘是中国战国时期青铜器，以造型复杂、铸造精美而著称。1978 年出土于湖北省随县（今随州市）城关镇西北擂鼓墩东南曾侯乙墓（墓主是战国时期曾国的君主乙），分为尊和盘两部分。尊通高 30.1 厘米、口径 25 厘米、底径 14.2 厘米，重 9 千克。盘通高 23.5 厘米、口径 58 厘米，重 19.2 千克。现藏于湖北省博物馆。

尊为酒器，由尊体和附件、附饰组成，尊可置于盘中。尊体喇叭口，长颈，圆鼓腹，高圈足，颈、腹和圈足各附 4 条形态不同的龙形装饰。尊体各部分的花纹与装饰均较复杂。尊口沿上的透空附饰分高低两层，内外两圈，错落相间。每圈有 16 个花纹单元，每个单元由形态不一的 4 对变形虺组成。虺均各自独立，互不依附。每条虺的下端由弯曲不规则的小铜梗支撑，这些小铜梗立于外层器壁的铜梗之上。口颈之间的器壁为内外双层，内层为有规则的镂空网状结构，外层为一些分布不规则的铜梗相互勾连，与口沿上的繁缛附饰相连接，颈部饰蕉叶纹和浅浮雕的变体蟠螭纹，并附加 4 条立体圆雕的龙形装饰，龙首向上反顾，口吐长舌，身躯中空，由镂空的变形虺纹、涡纹组成。四足伏于颈壁之上。在颈部一蕉叶纹的两侧，刻有"曾侯乙作持用终"7 字铭文。

盘为水器，由盘体和附件、附饰组成。盘直口，方唇，短颈，浅腹，四兽形足。口沿上有四个对称的长方形透空附饰，高出口沿。盘体花纹与装饰亦较复杂。口唇为镂空的变形蟠虺纹，耳面的透空附饰与尊口完全一样。腹部为浅浮雕的简化蟠螭纹，透空附饰的下部两侧

曾侯乙尊盘

有两条透雕的扁体兽形装饰，伏于盘腹之上，其口部衔住盘的口沿，尾部下垂作龙头反首向上状，扁体中空，由镂空的蟠螭纹组成。盘上装饰的龙有 56 条，螭 48 条。盘内底有"曾侯乙作持用终"7 字铭文。

虢季子白盘

虢季子白盘是中国西周晚期青铜器，因作器者为虢季子白而得名。系水器，口长 137.2 厘米，口宽 86.5 厘米，高 39.5 厘米，重 215.3 千克。传清道光（1821 ～ 1850）年间出土于陕西宝鸡虢川司，一说出土于陕西眉县礼村。据器形、器铭及历日，年代可定在周宣王十二年（前816）。中国国家博物馆藏。

横截面为圆角长方形，四面各有二兽首衔环，四足作矩形。口沿下饰窃曲纹，腹饰环带纹。此盘造型奇特，形制硕大，工艺精湛，是西周晚期青铜工艺的代表作。器内底铸铭文 8 行 111 字。记宣王十二年正月，虢季子白奉命在洛水之阳征伐猃狁，因获

虢季子白盘

捷而得到周王的褒奖，并在周庙的宣榭（太庙中的讲武之屋）举行献禽、饮至（合饮于宗庙）之礼，以示庆贺；周王又赏赐给子白马匹、弓矢、斧钺，赋予他征伐蛮方的权力。子白因而作盘以为纪念。此铭文字形大，体势隽美，用笔娴熟洒脱，韵律感强，结体严谨匀称，章法纵横有致，字虽大小不等、宽窄不拘，但凝练峻整，于规范中获最大自由，开启了《秦公簋铭》《石鼓文》书体的先风。徐同柏《从古堂款识学》著录。此铭文也是研究西周晚期历史的重要史料，所记史实及献禽、饮至、赏赐、册命诸礼制，可以和《诗经》的《采薇》《出车》《六月》等篇及传世的礼学文献互相印证。

逨 盘

逨盘是中国西周青铜器，系盛水器，通高 20.4 厘米，口径 53.6 厘米，重 18.5 千克。2003 年出土于陕西省宝鸡市眉县常兴镇杨家村。宝鸡青铜器博物院藏。

方唇，折沿，浅腹，附耳，铺首，圈足下附四兽足。腹、圈、足装饰窃曲纹，铺首为兽衔环。铸造工艺精湛。盘内底铸铭文 21 行，共计 372 字，记载了单氏家族 8 代人辅佐西周周文王至周宣王 12 位天子征战、理政、管治林泽的历史。铭文对西周王室变迁及年代世系有着明确的记载，第一次印证了《史记·周本纪》所记西周诸王名号，对西周史的研究产生了较深远的促进作用。该器铭文字形偏长方形，排列比较规整统一，间距疏朗。线条细长优美，笔画简洁流畅，不拖泥带水，转折遒劲，富有艺术魅力。

逨盘

铜牺立人擎盘

铜牺立人擎盘是中国战国时期青铜器，1965 年出土于山西省长治市分水岭村 126 号墓。盘通高 14.5 厘米，长 18 厘米，盘径 14 厘米。山西博物院藏。

铜牺昂首竖耳，偶蹄，短尾。
体饰鳞纹，颈饰一道贝纹。腹饰两
道绹索纹和云纹，尾饰垂叶纹，肩
和臀部饰卷云纹。铜牺背上站立一
女俑，面目清晰，束发垂肩，身穿
右衽窄袖长袍，袍饰麻点纹，腰系带，
两臂前伸，手捧圆柱。柱顶置镂空

铜牺立人擎盘

圆盘，柱可转动。整个器形稳重大方，镂刻精细，极具装饰效果。这种
战国时期的人形器座在各处多有发现，但这件是其中最为精美者。作者
在被限定的动态范围内，力求使人物得到生动的表现，突破了一般常见
的呆板姿态，实用与美观相结合，代表了战国早期青铜雕塑的艺术水平。

永　盂

永盂是中国西周中期青铜器，系共王时期重臣永所作。1969 年出
土于陕西省蓝田县。现藏西安博物院。此器通高 47 厘米，口径 58 厘米。
侈口，直腹，左右设双对称附耳，高圈足。腹部与圈足出扉棱 4 条，均
匀分布于前后左右纵向中线。前、后扉棱上部各铸出全雕效果的长鼻上
卷的象首。其余纹饰随扉棱布局。正面扉棱两侧，上部是两组卷体龙纹，
下部是 3 组 6 对侧立兽纹。背面腹部的图案相同。圈足纹饰与腹部上部
基本一致。通体以云雷纹填地。

内底铸铭文 123 字，记述益公受天子委托赐给师永田地，参与册命
和授田仪式的还有邢伯、尹氏、师俗父、遣仲等大臣，以及司土、司工

等官员。所记内容对研究西周土地制度和当时历史人物的政治地位等有重要的史料价值。

青铜乐器

青铜乐器是中国古代青铜器的重要器类，在祭祀、宴享等礼仪活动中与青铜礼器共用。

西周时期在礼乐制度下，音乐艺术得到高度发展，形成一套严格而又完整的宫廷礼乐制度。西周乐器种类很多，依制作材料分为金、石、土、革、丝、木、匏、竹八类，称为"八音"。其中的"金"指的是青铜乐器，主要是作为打击乐器的钟和镈，其他还有句鑃、錞于、鼓等。

钟是由流行于南方地区的铙演变而来的。商代的铙多出于湖南、江西等地，体量很大，植柄于地，口部朝上，敲击发音。而钟则反之，是

青铜乐器

直悬于钟架之上，口在下，柄在上，大小相次，成组合排列，称为编钟。编钟最初出现于西周中期，由三枚一套发展到数十枚。到战国时期，曾侯乙墓所出编钟共64枚，包括甬钟45枚、纽钟19枚，另有楚王镈1枚，分三层悬挂，总重量达2500千克。编钟音域宽广，音质良好，可以演奏多声部乐曲。

钟的造型为合瓦形，上端备悬挂的部分称为甬；钟体上部统称钲，钲部正中空白处镌刻铭文，两侧相间排列乳丁（枚）和云纹图案（篆）；下部称为鼓。装饰花纹施加于鼓部和钲上部的平面（舞）等部位，纹样独特，与钟类造型和谐，而与青铜容器上的纹饰大异其趣。

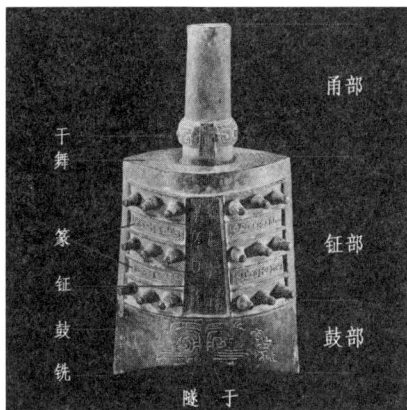

钟的各部分名称

镈与钟不同之处是下部口沿齐平，顶部作扁环或伏兽形。有些钟的铭文很长，分刻于同组的几件钟上，连贯成文，具有重要的史料与书法价值（如晋侯苏钟）。有些钟、镈周缘部位施加了镂空的鸟兽形装饰，增强了外观的华丽效果。

句镶、錞于流行于南方地区，一般年代较晚。錞于有如倒置的空筒形，上端以立体的伏兽为纽。

商代还铸造过模拟鼍皮木腔鼓的铜鼓，已知有两件，一件出土于湖北崇阳，一件早年流入日本。

曾侯乙墓编钟

曾侯乙墓编钟是中国战国早期曾国君主乙的墓中出土的编钟，1978年于湖北省随县（今随州）擂鼓墩出土。现藏湖北省博物馆。

编钟全套共65件，依大小和音高编成8组，出土时分3层悬于钟筍上。上层钮钟3组19件，中层甬钟3组33件，下层甬钟2组12件。另

曾侯乙墓编钟

有楚王酓章（即楚惠王熊章）五十六年（公元前 433）赠与曾侯的镈钟 1 件，可知编钟的铸造年代亦当近于此时。甬钟中最大的通高 1.534 米、重 203.6 千克，最小的通高 37.3 厘米、重 2.4 千克。钟筍为木质彩绘，呈曲尺形，全长 10 米以上，两端有华丽的青铜装饰。青铜钟虡为武士形，立于蟠龙形虡座上。钟虡、筍合成之钟架，通高 2.73 米。编钟和钟虡的青铜构件，共重 2567 千克。编钟的钟体、钟钩上皆刻有铭文，多为错金，共计 3755 字，其中钟体铭文计 2800 余字。内容以乐律为主，兼及编号、纪事、标音等。钟铭所记律名如宫、羽、宫曾、宫甬、宫反、少（羽）等共 28 个，阶名 66 个，其中 18 个律名为过去在文献中所未见的异名。据铭文及实测，曾侯编钟有七声音阶，音域宽广，并具有旋宫转调的能力，音调颇为优美，是研究中国古代音乐发展史及青铜铸造工艺的重要资料。

子犯编钟

子犯编钟是中国春秋时期晋国青铜器，又称子犯龢钟，系晋文公重臣子犯所作。据传出自山西闻喜附近某大墓。1994 年台北故宫博物院将其中 12 件纳入收藏。

编钟两套十六件，每套八件。完整的一套高低有序、轻重相次。最大者通高 71.2 厘米，重 44.5 千克；最小者通高 28.1 厘米，重 5.4 千克。

总重 213.15 千克。各钟除大小有别外，形制基本相同，均长腔封衡，鼓部较宽，周围饰目雷纹、夔纹。八件单钟各有刻铭。铭文在中央钲部，连读共 132 字。内容提到 3 件春秋大事：一是晋文公重耳流亡 19 年后，子犯佑助其返晋归国；二是晋楚城濮之战；三是践土之盟。铭文还记录子犯获赐裳、服、冕、带、四牡，并受元金作钟。

器主子犯，即晋文公（重耳）之舅父狐偃。无论人物、事迹，均可与《春秋左氏传》《国语》及《史记·晋世家》等典籍相印证，并补充了相关历史细节，具有很高的史料价值和文献价值。

楚公逆钟

楚公逆钟是中国西周晚期青铜乐器，1993 年出土于山西省曲沃县北赵村晋侯墓地 64 号墓。一套共 8 件，形制相似，最大者通高 51 厘米，铣距 28.8 厘米；最小者通高 22 厘米，铣距 12 厘米。均铸有铭文，内容与楚公逆有关，故名。现藏于山西博物院。

钟体长腔封衡。甬断面略呈方形，有旋和斡，旋饰目雷纹。舞部两面微下倾，饰宽带卷云纹。钲、篆、枚各部位均以双阴线划分，双阴线之间排列乳刺，枚为平顶两段式。舞饰宽阴线卷云纹，篆带饰蝉纹，鼓部中央饰龙、凤、虎纹，左侧以穿山甲纹为基音点。钲及左鼓有铸铭 68 字，铭文记载了楚公逆得铜铸钟之史实，楚公逆是周宣王时期楚国的国君熊咢。

北赵村晋侯墓地 64 号墓墓主为晋穆侯，名费王。此墓还出土 3 件"晋侯邦父"铭铜器，可知晋穆侯又称晋侯邦父。成套的楚公逆钟出土在晋穆侯墓中，可证晋楚交往史至少由文献记载的春秋早期提早至西周晚期。

晋侯苏钟

晋侯苏钟是中国西周晚期青铜器，因器主为晋侯苏而得名。编钟共16枚，均为甬钟，是山西省曲沃县北赵村晋侯墓地8号墓的随葬品。其中14枚被盗掘，为上海博物馆所征集；2枚为1992年山西省考古研究所发掘出土，现藏山西博物院。

编钟可分两组，每组8件。第一组通高22～52厘米，第二组通高22.3～51厘米。形制、纹饰不一，可分若干型，可知其来源较为复杂。每组的前两件钟可能是南方地区的产品。铭文系以利器刻凿而成，16件通为一篇，共355字。内容记述了某王三十三年，晋侯苏参与周王亲自主持的东征，并受命伐夙夷、陷城、逐淖列夷，战功卓著。战事结束后周王先后两次册命晋侯苏，晋侯苏因此而作器，以祭祀先人并祈福。

北赵晋侯墓地8号墓除了晋侯苏钟，还出土数件晋侯苏鼎，墓主应即晋侯苏。《史记·晋世家》载晋献侯名籍，《史记索隐》称"《系本》及谯周皆作苏"。可知晋侯苏即晋献侯。钟铭中的三十三年，一般认为是周厉王的纪年。但据《史记》晋献侯在位年是公元前822～前812年，相当于周宣王六年至十六年，与铭文记载有出入。

晋侯苏钟是已知铭文最长的西周时期编钟，出土背景明确，铭文内容丰富，对研究西周历史和考古具有重要价值。西周铜器铭文一般是铸铭，而晋侯苏钟铭文是首次发现的西周刻铭。

克 钟

克钟是中国西周时期青铜乐器，相传清光绪十六年（1890）在陕西扶风法门寺任村出土。同时出土的有大、小克鼎，克盨等器共 120 余件。传世克钟共 5 件，当属编钟。其中上海博物馆藏 2 件，天津艺术博物馆、日本奈良宁乐美术馆和藤井有邻馆各藏 1 件。其中以奈良宁乐美术馆藏品最大，上海博物馆藏品中有一器为最小者。

克钟铭文全篇共 79 字，分刻 2 器，每钟半篇，上海博物馆、日本奈良宁乐美术馆藏器为上半篇铭文，天津市艺术博物馆和日本藤井有邻馆所藏为下半篇铭文，据此可知克钟至少还应有 1 件。另外天津艺术博物馆藏有一器，器形为镈，但自铭为钟，其铭文与克钟全同，且全篇铭文铸于一器之上。

克钟干上饰以重环纹，舞部有 4 组对称的夔形龙纹，篆间饰有窃曲纹，鼓部中央作对称相背式的卷龙纹，均为当时的流行纹饰。克钟铭文记载了克接受周王的赏赐及命令，到周王指定的地方巡察，圆满地完成了任务，因而作此编钟，以追念逝去的先辈，并祈求幸福。

克钟

秦公钟

秦公钟是中国春秋早期秦国青铜器，1978 年出土于陕西宝鸡太公庙村的一座窖穴。该窖穴共出 5 件秦公钟和 3 件秦公镈，现藏宝鸡青铜器博物院。根据 2013 年陕西省考古研究院在太公庙村附近勘探的“中”字形大墓情况来看，该窖穴应是附属于大墓的。根据铭文记载，这批铜钟为春秋早期秦武公所作。现存世有多件秦公钟，这套最为著名。

5件秦公钟形制相同，大小递减。最大者通高48厘米，重24千克；最小者通高27.6厘米，重6千克。钟体呈合瓦状，其中4件带有钟钩。诸钟的纹饰基本相同，甬上端饰四条小龙，干饰四组变形雷纹，旋施重环纹，舞饰四组双首变形夔纹，钲部的五层装饰中三层左右各有三枚、两层左右各饰变形鸟纹，鼓部饰比较写实的对鸟或右侧再加一鸟。各钟可以发出两个音节，也被称为双音钟，后三件钟的右鼓部饰小鸟纹，为第二基音标志。同窖的三镈与五钟是配套使用的。测音结果显示，这套编钟原有6件或8件。

各钟都铸有铭文，按铭文可以分为两篇。甲、乙钟铭文合成一篇。另三件合成一篇，内容与甲乙钟相同，而失末段铭文。铭文共计135字，记述了秦公先祖接受天命，被周王赏宅授国，以及文公、静公、宪公治国兴邦的业绩，还记述了作器者秦武公祭祀祖先、招贤纳士、励精图治的事迹，是研究秦国早期历史的珍贵史料。

羊角钮钟

羊角钮钟是中国战国时期青铜乐器，是中国南方及越南北方青铜文化特色器物。20世纪80年代初，蒋廷瑜根据铜钮的奇特形状，命名为羊角钮钟。在某些论著中，称其为铜铎、铜铃、编钟、錾钟等。所属时代主要在战国至西汉时期，且常与铜鼓、筒形钟一同出土于贵族墓葬之中。主要分布于红河流域、西江流域、湘江流域。这种乐器的基本特征是全身用青铜铸造，形状像半截橄榄或半个椭圆体，上小下大，中空，合瓦式，两侧留有合范痕迹。钟口的横截面由两条圆弧对称组成，也像橄榄形。钟上部有两个较对称的竖长方形透穿孔，顶部有向上外撇的两片羊角状錾钮。钟体或为素面，或铸有纹饰，纹饰一般有人面纹、动物纹和几何形状纹。有观点认为是岭南越族所特有的一种乐器，当为悬挂起来击打奏乐之用。越南学者则认为是象铃，用来挂在大象的脖子上。

代表性器物有 1975 年云南省楚雄市出土的万家坝编钟，一套 6 件，形制相同、大小不一。形制与中原编钟有别，上小下大，横剖面为椭圆形，顶部有一对羊角状钮，下有一长方形孔。另有 1984 年贵州省安龙县德卧镇出土的羊角钮钟，高 36 厘米，为合范铸造。全器呈椭圆形，上小下大，平口，顶部有竖长方形穿孔，并有分歧外侈的羊角形錾钮。全身素地无纹饰。此件钮钟为同类型器中最大的一件，现藏贵州省博物馆。

铜 鼓

铜鼓是中国古代西南少数民族的青铜打击乐器，其形状来源于鼓或铜釜，用于演奏音乐或伴奏舞蹈，亦作为礼器，用于祭祀、仪典等活动。主要流行于云南、广西、广东及贵州、四川、湖南等省（区），并传播至东南亚。制作年代大约始自春秋，经战国、秦汉、唐宋至明清，其中汉代的铜鼓尤为精美。铜鼓在历史上曾零星地出土过，但第一次有计划、有组织地大规模发掘，是 1955 年 5 月由云南省博物馆对晋宁县（今晋宁区）石寨山遗址的考古发掘，出土器物表明是西汉时期。

铜鼓是以泥或石做成泥模或石范，将合金铜液浇注其中，铸造而成，上端为鼓面，下端是空虚的鼓身。它主要由 5 个部分组成：①鼓面，为一大平展正圆的圆面，中心微隆，称光体，有向四周辐射的光芒，还有由里向外扩散的弦纹，即晕圈；弦纹与弦纹之间饰有多种图案；有的鼓面最外晕圈上还饰有立体的蛙、龟、鸟及骑士等装饰物。②鼓胸，与鼓面相连，稍外凸，成一定球状弧度，胸下向里微敛。③鼓腰，内敛，多直筒形，上下两端有界线与胸和足隔开。④鼓足，位于腰下，多上小下大，呈倒置截头锥状，晚期铜鼓，腰足界限不清，有的甚至无足部，而仅分上下两节。⑤鼓耳，常置于胸与腰之间，两侧各嵌鼓耳一对，有圆茎与扁茎之分。前者为粗壮的实心环或平环，表面有一道道的轮线纹；后者种类较多，一般为桥纽形，扁而宽，正中有长条形孔，两侧为辫纹、栉纹或交织人字纹。

铜鼓依其流行地区和形制式样的不同，一般可分为滇系和粤系两大类型。①滇系铜鼓：分布于云南、广西、贵州、四川、湖南等省、区，其中以云南中部、广西西部出土最多。滇系铜鼓形体较小，鼓面直径基本在1米以内，鼓面小于鼓身，胸部膨大凸出，花纹多用平弧分晕，晕圈有宽窄主次之分。②粤系铜鼓：分布在广西东南部和广东西南部。粤系铜鼓较之滇系形体高大厚重，铸造精良，鼓面大于鼓胸，腰部微束，足部有一道凸棱。鼓面中心光体凸起，光芒细长如针，常突破第1道弦，有的甚至开叉，光芒道数较少，常为8道或10道，鼓面也几乎都装饰有立体的青蛙。铜鼓全身花纹以几何图案为主，晕圈密而窄。

铜鼓的纹饰一般饰在鼓面，亦有饰在鼓身的，其纹样常见的有：①太阳纹，为铜鼓中出现最早和最普遍的纹样，居于鼓面中心，由光体及光环组成。②蛙纹，一般出现在成熟后的铜鼓鼓面上，常见的为4～6只，亦

有叠距式的，多为一大一小相背负，
也有 3～4 只蛙相叠称"累蹲"式，
另外还有大小相负的乌龟。③鹭鸟
纹，饰于鼓面上，尖嘴，圆眼，羽冠大，
翅不很宽，呈三角形，尾呈长三角形，
多 4 只或 6 只一组，个别多达 20 只，
首尾相连，展翅飞翔，姿态优美。

铜鼓（战国）

④舞蹈纹，多饰于铜鼓腰部或鼓面晕圈内，一般为头戴羽冠、身披羽饰
的人形，翩翩起舞。⑤竞渡纹，多饰于鼓的胸部四周，船呈变形的鸟形，
船上有人划桨，船下有游鱼，前后有水鸟。⑥雷纹，主要饰于粤系铜鼓
上。另外还有乘骑、牛橇及其他纹饰。

镈

镈是中国古代铜制打击乐器。《周礼·春官》载有："镈师掌金奏
之鼓，"郑玄注："镈，如钟而大。"《仪礼·大射礼》载有："其南
鑮，"唐陆德明释："鑮，本又作镈。"《周礼·小胥》唐贾公彦疏："天
子、诸侯悬皆有镈"，"卿大夫、士，直有钟磬无镈也。"镈在古代乐
悬中是象征权威的礼乐重器。迄今发现年代最早的是江西新干大洋洲墓
出土的商代晚期的镈。镈形制似纽钟而口平，属古越族遗物。商代和西
周镈体呈椭圆形或合瓦形，内壁光平。镈钮有素有繁。早期镈体侧有对
称垂直扉棱。春秋以后，扉棱渐失。先秦时期的镈多自名为钟，以镈自
名的仅见齐、邾诸国。现知最大的镈是曾侯乙墓出土的楚王酓章镈，通

编镈（春秋，山西太原赵卿墓出土）

高92.5厘米，铣间60.5厘米，重134.8千克。中国南方镈多是单件的特镈，北方镈多是多件组合的编镈。陕西眉县杨家村窖藏出土西周中晚期的编镈，一组3件，镈体较大，通高分别为63.5厘米、58厘米、51.5厘米。陕西宝鸡太公庙发现的春秋早期的秦武公编镈，也是一组3件，通高分别为75.5厘米、69厘米、64.3厘米，镈体更大。春秋中晚期，北方编镈已发展成重要的旋律乐器。

山西太原金胜村春秋晚期墓出土19件一组的编镈，音域达4个半八度，已构成七声音阶，正侧鼓部能发三度关系的双音。悬钟、悬镈的横木上所雕的龙蛇之类涂金的饰物，也称镈。

句 镭

句镭是中国古代铜制打击乐器。句镭之名不见文献有载，而见于出土实物的铭文，如"配儿句镭""姑冯句镭"等。多出土于江苏、浙江、安徽、湖北、广东一带，属东周至西汉时期。清乾隆五十三年（1788），江苏常熟翼京门外出土姑冯句镭，其铭有"自乍（作）商句镭"字样。后人推测，可能是中原地区短体平腹钲传入吴越地区后，派

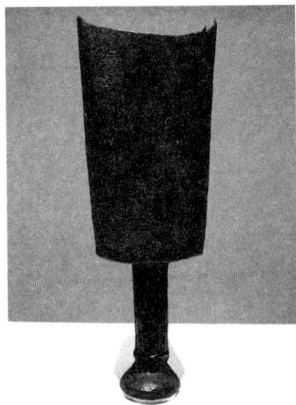

句镭

生出来的一种地方性乐器。多为长合瓦全，平舞，扁方或扁圆实心柄，有的柄上有穿孔，平腹或稍鼓腹，侈铣，曲于，通体素光或有铭文、纹饰。体内壁有调音痕迹，正鼓、侧鼓可发双音。大体分为长柄修体、短柄阔体二式。出土实物 2 ~ 8 件一组成编句镶。广州象岗山南越王墓 8 件一组的成编句镶，出土时配有插置的木架。根据柄制的不同，可持鸣、植鸣或悬鸣。

錞　于

錞于是中国古代青铜打击乐器。錞于体如圆筒而肩外鼓，顶部有盘，盘中央多设有提钮，有虎钮、桥钮、马钮、环钮、龙钮等，以虎钮最为常见。通常高 40 ~ 80 厘米，肩径 20 ~ 40 厘米。多数錞于作素面，少量以云纹、蕉叶纹、螺旋纹、鸟纹、人面纹等装饰，甚至还加铸文字。

錞于最早见于春秋时期，流行于战国两汉，南北朝时錞于已完全退出乐界。至迟宋代以后，人们已开始收藏錞于。北宋《宣和博古图》、清代《西清古鉴》都有著录。到目前为止，出土錞于的地点已遍及湘、鄂、川、黔、滇、陕、苏、鲁、皖、赣、粤、桂等十几个省、区，以湘、鄂、川、黔交界地区最为集中。有的錞于出土时三、五成组，大小有序。

錞于的奏法现已失传。参照考古发现和文献记录，应是悬挂于横木之上，执桴击打。击打时应与击鼓相配。《周礼·地官》有"以金錞和鼓"的记载。云南晋宁石寨山出土的一件西汉时期铜贮贝器上，铸有奏法錞于的场景。画面中两人合扛一横木。錞于、铜鼓并悬于横木之上。石寨山贮贝器表现的是滇人举行宗教仪式的场合，显示了錞于的用途之一。

錞于为古代中国独创，具有强烈的民族性，同时又具有较强的时代性与地域性，是春秋以来主要流行于南方地区的打击乐器。

其他器物

铜　镜

铜镜是用青铜制成的用以照容的生活用具。在世界范围内，铜镜的出现以西亚和中国为最早。在中国，从青铜时代初期至明清，铜镜长期流行，到近代大量使用玻璃镜后才被取代。

中国的铜镜多为圆形，镜背中央设钮，以穿绦带，唐宋时期才出现带柄铜镜。中国古代铜镜曾广泛流传到周围地区，西亚、中亚、西伯利亚、蒙古国、朝鲜半岛、越南等地都发现过中国铜镜。特别是在日本，自弥生时代以降，大量从中国输入铜镜，视为神器或宝物，并在本地仿制。与其他青铜器相比，铜镜的锡含量高，有利于使镜面光亮，宜于映照。

◆ 中国西周及其以前的铜镜

从齐家文化到商和西周，是中国铜镜的初始阶段，其特点是铜镜形体小，制作粗陋，这一时期的铜镜传世及出土都比较少。齐家文化的铜镜，分别在甘肃省广河县齐家坪和青海省贵南县尕马台等地出土，是目前已知最早的铜镜。商代铜镜在河南省安阳殷墟等地曾有出土，西周铜镜发现不多，分别出土于陕西省宝鸡、凤翔等地。

◆ 东周铜镜

从东周开始，铜镜的铸造量有所增加。春秋战国之交，铜镜铸造业迅速发展，铜镜质量有显著提高。镜的形制和纹饰已经规格化：镜钮多为细小的桥形，有钮座，镜缘也有明确的形制；镜背纹样有蟠虺纹、饕餮纹、兽纹、羽状纹、涡形纹等。战国中期以后，镜体增大，一般直径为 10 余厘米。因铸造量大增，多采取铸造"同范镜"的方法。镜钮普遍为三弦纹的桥形小钮，钮座主要有圆形和方形两种。除平缘外，镜缘多为断面呈弧曲内凹的。镜背花纹可分地纹和主纹。地纹有羽状纹、涡云纹、雷纹等，与通常的青铜器花纹相同；主纹有山字纹、花菱纹、禽兽纹、蟠螭纹等，是专门为适应铜镜的特点而设计的。

◆ **汉和魏晋南北朝的铜镜**

西汉前期铜镜的花纹比起战国来仅略有变化，但有些铜镜开始有铭文。此时最流行的是蟠螭纹镜。汉武帝时期出现真正的汉式镜，铜镜形制和花纹发生显著的变化：镜缘多作平缘，断面不再有呈弧形内凹的；普遍流行半球状钮；地纹消失；花纹严格对称于镜的圆面中心，有的可匀称地划分为四个区；不少铜镜上有以吉语为主的铭文，有的镜实际上是以文字作为主要装饰。从西汉中期到后期，主要的铜镜种类先后有草叶纹镜、星云纹镜、四螭镜、重圈纹镜等，还有因铭文内容而得名的日光镜、昭明镜。

王莽时期流行方格规矩镜，除规矩纹外，纹样还有青龙、白虎、朱雀、玄武等"四神"的图像和子、丑、寅、卯等"十二时"文字。从这时起，有的铜镜铭文中出现了纪年。

东汉前期最常见的铜镜是方格规矩镜和连弧纹镜，东汉中后期又开始流行兽首镜、夔凤镜、盘龙镜、双头龙凤纹镜，都以图案化的动物为

位至三公铜镜（三国吴，湖北武昌任家湾出土，中国国家博物馆藏）

纹样。在长江流域，从东汉中期开始，还出现神兽镜和画像镜，从而使南方铜镜与北方铜镜开始有了差别。东汉中后期，半球状的镜钮有加大的趋势，有的呈扁平的圆形。镜缘除平缘外，还出现断面呈三角形的三角缘和斜缘。镜上的花纹开始出现对称于镜的圆面直径的"轴对称"式花纹。

东汉铜镜的铭文分长短两类。长铭如"尚方作镜真大巧，上有仙人不知老，渴饮玉泉饥食枣，浮游天下敖四海"，多为七字句；短铭如"长宜子孙""位至三公"，仅四个字。从铭文可知，洛阳、丹阳、广汉、会稽、吴郡等地是当时的造镜中心。

魏晋南北朝时期的铜镜仍属汉式镜的范畴。由于南北分裂，铜镜的形制和花纹有明显的地域差异。十六国时期铜镜的铸造几乎完全停顿。东晋的铜镜仍以神兽镜等为主，但图案纹饰趋于简化。南北朝时期，北方地区仍然沿用东汉以来的旧式镜，且数量甚少。南方铜镜的生产也逐渐衰退，神兽镜、夔凤镜等质量粗陋，花纹简化，多见各种粗制小铜镜。

◆ 隋唐及其以后的铜镜

隋唐时期铜镜铸造业再度兴盛，出现隋唐式镜，形制、花纹和铭文与汉式镜大不相同。隋和唐代前期的镜仍主要为圆形，唐代中期以后，多见方形、葵花形、菱花形、

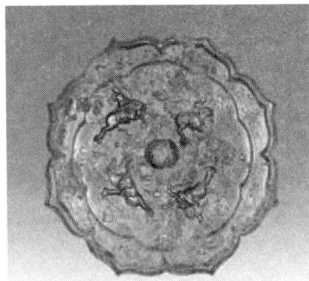

唐代打马球图铜镜（江苏邗江出土）

荷花形等，也见有钟形、盾形和其他变形镜，
开始出现带柄铜镜。镜钮以圆形的居多，
也有兽形钮、龟形钮和花形钮。铜镜的花纹，
隋和初唐仍有类似汉式镜者，盛唐以降，
大量采用瑞兽、凤凰、鸳鸯、花鸟、蜻蜓、
蝴蝶、葡萄、团花、宝相花及人物故事主
题等新纹样，有的还吸取了中亚和西亚图

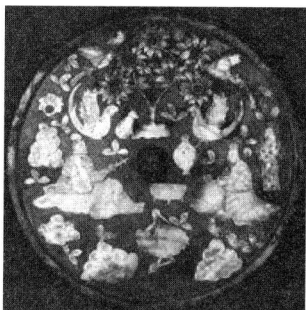

唐代高士宴乐纹嵌螺钿铜镜
（河南洛阳唐墓出土）

案的因素。唐镜还使用了镀金、贴银、金银平脱、螺钿和镶嵌宝石等装
饰工艺。唐镜铭文以四言句为最多，五言句次之，皆为骈体诗文形式，
一般不铭纪年，亦不记工匠姓名。

北宋铜镜在形制和纹饰方面仍有唐镜遗风，但工艺不如唐代。南宋
铜镜主要为湖州和饶州的铸鉴局铸造，称为湖州镜和饶州镜。在形制方
面最突出的变化是带柄镜大增。镜背大多为素面，只铸出长方形印记，
标明铸镜者作坊名号，如"湖州石家二叔""饶州许家"等。

元代和明代的铜镜，铸造都比较粗糙，形状多为圆形，花纹有云龙
纹、双龙纹和双鱼纹等。许多铜镜只铸出纪年铭文，而无花纹。唐宋以
降，特别是明代，仿古镜大盛，主要是仿各式汉镜，还多用汉镜实物翻
模制造。

铜镜研究在考古学上具有重要意义。不同时代的铜镜各有特征，有
的还有纪年铭，因而在年代学上有特殊的价值。通过对铜镜形制、花纹
和铭文的研究，可了解各时代的铸造技术、工艺美术、工官制度、商业
关系、思想意识、对外交往等。

贮贝器

贮贝器是中国古滇国特有的青铜容器，用来盛放海贝，只出现在滇国少数贵族墓葬随葬品中。贮贝器根据外形可分为铜鼓形贮贝器、叠鼓形贮贝器、直筒形贮贝器和束腰形贮贝器。铜鼓形贮贝器是在同时期铜鼓造型的基础上，在底部加上底板，将鼓面切割作为器盖，在器盖上又雕塑刻画写实社会活动场面，如此而成的；直筒或束腰形贮贝器则与越南东山文化常见的青铜桶有着渊源关系，器盖也有圆雕人物、动物，一般数量和叙事内容较铜鼓形贮贝器简单。

古滇国贮贝器的独特之处在于器盖面上以高超技法装饰圆雕人物、动物及相关活动场面，器身有圆雕也有线刻图案，与器盖图像共同构成完整叙事内容。具体内容有圆雕群雕表现战争场面、集市场面、纳贡场面、宴饮场面、纺织场面、牧猎场面、乐舞场面等主题叙事，辅以牛、马、虎、鹿、犬、猪、猴等动物和人物、房屋等局部装饰，少数圆雕也放置于铜鼓形贮贝器腰部。有的宴饮、集市主题场面宏大，可达百人之多，这些主题叙事的贮贝器真实地记录、再现了古滇国社会生活的各个方面。最有代表性的一件为国家博物馆藏纳贡场面贮贝器，肩部动态分布一周行走纳贡人物十七人，穿着不同服装的族群或牵马或驱牛或负物前

七牛铜贮贝器（西汉）

行,其下还有一圈卧牛等表现财富的圆雕;其器盖现藏云南省博物馆,表现以滇王为中心的十三人骑马或步战的战争场面,全部人物栩栩如生,这件贮贝器叙事内容有很多关于战争细节的刻画,真实地记录了古滇国时期战争征服、纳贡的情景。

古滇国贮贝器出土时全部满载环纹齿贝,全部合计超过 10 万枚,说明当时以海贝作为重要财富,存储于贮贝器中。这类环纹齿贝全部来自太平洋或印度洋的温暖海域,证明古滇国有着频繁的对外交流活动,是古代"南方丝路"存在的重要证据。

令 彝

令彝是中国西周早期青铜器,又称矢乍父丁彝。作器者为矢令,故又称矢令彝。相传 1929 年出土于河南洛阳马坡。著录者每误认此彝为两器,实仅一器。现藏美国弗里尔美术馆。彝为长方体,通高 34.1 厘米,宽 24.6 厘米,器口长 19.3 厘米,宽 17.7 厘米。盖及器腹饰双夔纹构成的大兽面纹,口沿下饰双尾龙纹,方足座饰分尾小鸟纹。自盖钮至足座四边皆附钩形扉棱。有铭文 14 行、187 字,盖铭同而行款稍异。

铭文记述了周公之子明保在成周举行祭祀并受命尹"三事四方",其内容大意可分为:①王命明保(即明公)"尹三事四方",明公(保)命矢将此事告于周公之宫,并准备十月舍命之事。②此项准备工作用了两个月,明公至成周,举行舍三事四方令。③十月癸未的次日甲申,又次日乙酉,用牲于康、京两宫,又用牲于王。④记明公对尽力于此次式典的亢师、矢令分别赐以鬯、金、小牛,并任之以新职。⑤作器者乍册令因受到明公之赏赐，乃作器以颂扬明公。铭文中"用牲于王"的王，即王城（今洛阳近郊）。舍命，即任命。三事四方，指百官和在成周的亡商诸侯。明保可能是周公旦之孙名明者，保是其官职。有人则认为是伯禽或君陈。

越王勾践剑

越王勾践剑是中国春秋时期越国青铜器，春秋时期越国国君勾践作。1965 年出自湖北省荆州市江陵县望山楚墓群 1 号墓。通长 55.6 厘米，剑身长 45.6 厘米、宽 4.6 厘米，柄长 8.4 厘米，格宽 5 厘米、茎长 7.9 厘米。现藏湖北省博物馆。

剑首呈圆盘形，略外翻，内铸 11 道间隔仅 0.2 毫米的同心圆。圆茎空心，剑格正面用蓝色琉璃、背面用绿松石镶嵌成几何花纹。剑身有中脊起棱。剑身两面满布规则的黑色菱形暗格纹。剑茎

越王勾践剑

上还夹有两块弧形木片。近格处有两行鸟篆铭文"越王鸠浅（勾践）自作用剑"。

该剑系以铜锡合金铸成，并含微量元素铝和镍，铸造精良、保存完好，至今仍寒光逼人。

曲刃青铜剑

曲刃青铜剑是中国西周至秦汉时期东北及邻境地区青铜兵器，又称

东北系短剑、辽宁式短剑、琵琶形短剑等。西周中晚期即已出现，一直延续到秦汉之际或西汉初。广泛分布于内蒙古东南部、冀北、辽宁、吉林和朝鲜半岛等地。

曲刃青铜剑的基本特征是：剑身双侧刃部呈弧形曲线；一般有突出的节尖和内束的凹腰；剑脊均为柱状，有的有脊突隆起。此类青铜剑又可分为短茎式、銎柄式和匕首式三种类型。其中短茎式最为常见，有的配有青铜剑柄和石质把头。剑身、丁字形剑柄和加重用的把头先分别制作，然后组装成完整的剑。有证据表明没有铜柄的短茎式曲刃剑原来大都配有木质或其他有机质的剑柄。这类曲刃剑的短茎颇具中原风格，与青铜镞、矛上的短茎以及青铜戈的短内使用方法十分接近，都是将器身的一部分穿入木质或其他有机质的柄部之内。銎柄式较少见，是由柱脊延伸至銎，并在銎内加以木柄。匕首式最为少见，剑身与柄均为青铜且一次铸成，柄部的形状有很多样式。

曲刃青铜剑分布地域广阔，延续时间长久，是北方考古学文化共有的器物。这类短剑，尤其是装有青铜柄和石质把头者，不仅比较实用，而且礼仪化程度较高，是周代东北邻境地区诸多族群共同使用的一种最重要的标志性青铜兵器，也充分反映了中原青铜文化对东北地区的影响。

子禾子釜

子禾子釜是中国战国早期齐国青铜器，清咸丰七年（1857）出土于山东省胶县（今胶州市）灵山卫古城，为"齐量三器"之一。现藏中国国家博物馆。器物高 38.5 厘米，口径 22.3 厘米，腹径 31.8 厘米，底径

19 厘米，容量 20460 毫升。侈口、鼓腹、溜肩、平底，腹有半月形双耳。肩下部外壁有铭文 10 行、109 字，能识别的有 90 字，记述子禾子在左关官署中使用标准量器的命令，告诫官吏使用标准量器，不得舞弊，违者根据轻重施以相应处罚。铭文中的"子禾子"是田和为大夫时之称，《战国策·魏策四》和《吕氏春秋·顺氏》都有子禾子的记载，其年代在公元前 404～前 385 年，该釜应是田和未立为齐侯前所铸之器。该釜是研究战国时期齐国度量衡制度的珍贵实物资料，具有较高历史价值。

错金银龙凤方案

错金银龙凤方案是中国战国中期青铜器。高 36.2 厘米，边长 47.5 厘米，重 18.65 千克。1977 年出土于河北平山中山王𰯼墓。河北博物院藏。为置放器物的底座。整体外观呈"斗"形。主体部分为 4 条应龙、4 只凤鸟穿插交搭成斗形结构。龙翼展开后掩，双尾弯向身后，尾端反弹勾住龙角，形成富于弹力的弧线。相邻的两条龙尾交叉处留下一个椭圆空隙，凤鸟由孔隙中探出上半身，引颈长鸣。4 只龙头上各顶住一个斗栱，上承方形案框，镶在框上的木板已毁。案最下端是由两牝两牡梅花鹿托住的圆环形底座。作品表现了工匠对物理结构知识的把握和复杂形体设计构思的高度技巧。

三羊瓿

三羊瓿是中国商代后期青铜器，高 52 厘米，口径 41.2 厘米，重 51.3 千克。故宫博物院藏。三羊瓿造型为厚唇、短颈、折肩、高圈足，器身膨大，体积感很强。肩部装饰有 3 个卷角羊头牺首，羊头凸出，成为生动而雄强有力的装饰。纹饰极为精工，颈部有 3 道弦纹；腹部有饕餮纹装饰带 3 道；主体部分，目纹凸起于器表，炯炯有神，其上下排列羽状地纹；圈足饰有 2 道弦纹和兽面纹，与颈部装饰相互呼应。

铜奔马

铜奔马是中国东汉青铜雕塑，曾命名为"马踏飞燕"。1969 年甘肃武威雷台汉墓出土。长 45 厘米，宽 13.1 厘米，高 34.5 厘米，重 7.3千克。甘肃省博物馆藏。

马造型矫健，三足腾空，右后足踏一展翅回首的飞鸟，长尾飘举，作昂首嘶鸣、逸足奔腾状。马全身的着力点集中于踏在飞鸟的一足上，表现出马行疾速的动势，也体现出创作者对力学平衡原理的精准掌控。鬃毛和马尾用黑色细线描绘，唇齿涂红色。此雕塑反映了东汉匠师的高度智慧

铜奔马

和丰富的想象力，具有卓越的工艺技术水平，是东汉雕塑艺术的杰作。

银首握螭人形灯

银首握螭人形灯是中国战国时期青铜灯具，又称银首人俑铜灯、银首人形灯。1977 年出土于河北省平山县中山王墓。通高 66.4 厘米，人俑高 25.5 厘米，重 11.6 千克。河北博物院藏。灯由人俑、灯杆、灯盘、

螭组成。主体为一立于方座上的银首铜身男子形象，男子头上梳髻裹巾，双目以黑色料珠镶嵌而成，身着右衽广袖填朱漆的云纹锦袍，腰间系带。其双手各握一螭。左手所握螭为上下相衔的两螭，连着两个灯盘；右手所握螭之螭首咬住一根有错银蟠螭逐猴装饰的灯柱，柱顶承灯盘。3个灯盘内各有烛扦。此器构思甚巧，制作精工。

骑驼人形灯

骑驼人形灯是中国战国时期青铜器，一名骑驼人擎灯，1965年出土于湖北省江陵市望山2号墓。高19.2厘米，灯盘径8.9厘米。湖北省博物馆藏。铜灯由灯盘与人骑驼形灯座两部分组成。灯盘较大，浅腹，盘内中心有一尖形烛钎。灯柄较长，中间有节，柄尾插入铜人手捧的铜圈内，与灯座连成一体。铜人昂首直腰骑坐于驼背上，面向正前方，头部较大，脸形圆胖，铸有向脑后梳的发纹。两手屈肘前伸托住插灯柄的管状铜圈。双腿屈膝贴于驼身两侧。骆驼头前伸，弓背垂尾，四足立于长方形铜板上。从铸造工艺来看，灯身铸工明显精于人骑驼形灯座，后者有铜液未浇到之缺孔，露出泥芯，这是分范浇铸的结果。

这件铜灯造型简洁流畅，形体写实概括，质朴大方，是楚地风格的体现，在西汉青铜雕塑中可找到相承的发展脉络。骑驼的形象在先秦青铜器中极罕见，亦给研究先秦历史留下了宝贵资料。

长信宫灯

长信宫灯是中国西汉前期青铜器。1968年河北满城中山靖王刘胜之妻窦绾墓出土。高 48 厘米，重 15.85 千克。河北博物院藏。

宫灯造型为通体鎏金执灯跽坐的年轻宫女。器身中空。宫女的右臂为烟道，能将灯烟吸入灯体。灯罩的罩板可以开合，以调节光线的强弱和光照的方向。这类设吸烟管的灯古称釭灯，灯身常可贮水，以使吸入的烟气溶于水中，降低空气污染。釭

长信宫灯

灯有单管、双管之分，单管气流流通不及双管。长信宫灯为单管釭灯，且灯底部有孔，不能贮水，故并不十分实用。宫女的头、右臂和灯罩、灯座均可以拆卸。灯体上有"阳信家""长信"等铭刻，可知此灯曾用于阳信侯刘揭家和窦太后的长信宫，后归窦绾。此灯造型优美，人物形象写实、情态生动传神，制作工艺精良，为汉代青铜艺术珍品。

绍兴战国墓铜乐俑

绍兴战国墓铜乐俑是中国战国时期越人的铜俑，1982 年出土于浙江省绍兴市坡塘公社（今坡塘村）306 号墓。浙江省博物馆藏。共 6 人，铸于一座通高 17 厘米，有鸟图腾柱的铜质房屋模型之内。铜乐俑均为裸体，顶有髻，分前、后两排跽坐于地。前排左一人面向西，执槌击鼓，鼓悬于架上。另三名奏乐者在后排，东边一人吹笙，西边一人抚四弦琴，居中者持小棒，击一弦乐器。前排右、中二人交手于腹，胸前乳部突起，可能为女性。在青铜雕塑作品中，出现在具体建筑环境中的，此组群像

为已知最早的实例。它反映战国时期雕塑创作者模仿实物、力求再现现实生活景象的兴趣，与同期青铜器纹饰中出现的描绘贵族生活的内容具有相似特征。306号墓的国别，一说为越国，一说为徐国，一般认为铜房屋模型与乐俑反映古代越人的社会习俗。在祭祀活动中，伎乐人裸体不着衣冠，房子附有图腾柱，可能与古代越人好鬼神的习俗有关，或即表现图腾崇拜的场面。

秦始皇陵铜车马

秦始皇陵铜车马是中国秦始皇陵随葬的青铜车马模型，1980年冬出土于陕西临潼县（今西安市临潼区）秦始皇陵坟丘西侧陪葬坑中。共两乘，每乘驾铜马四匹，大小约为真车马的1/2，车上各有一铜御官俑。两车结构相同，形制有别。一号车为立车，御者立于车上；二号车为安车，御者坐在车上，一条辔绳末端刻有"安车第一"字样。现两车藏秦始皇兵马俑博物馆。

◆ 立车

车为独辀双轮，辀前端有衡，衡上缚两轭。车前四匹铜马为两服两骖。车舆横长方形，前边有轼（用作扶手的横木），后边辟门，门敞口未装门扇。车舆内立一高杠铜伞，伞下立一铜御官俑。四匹马的皮具齐全，中间两匹服马的颈上各负一轭，轭的内脚各连一条铜靷，靷的后端系结在辀、轴的交接点上。服马两侧的骖马胸部各括约一条环套形大带，带的后边连接一条铜靷，靷的末端系结于舆下的桄（绕线的器具）上。服马负轭牵动衡、辀，连动轴、轮，载舆而行，骖马佐助服马曳车，此为中国古代一种独特的系驾方式。车上配备有弩和盾，二箙内共盛箭 66 支。车上的伞形车盖装在活动底座上，可根据需要随时取下。整个车的结构与古文献中所称的"小车""戎车"颇为接近，

秦始皇陵一号铜车马

可代表周、秦时期最主要的车型。

◆ **安车**

车双轮，独辀。辀前端持衡，衡上缚两轭。车前亦为两服两骖。车舆分前后两部分，平面呈凸字形。前舆较小，内有一跽坐的铜御官俑，戴冠束带，佩剑，手执辔索。后舆较大近似方形。后舆左右两侧各有一窗，前、后舆之间的隔板上也有一窗，舆周有舆箱板，舆内前有轼，后有门，门上装门扉，窗上装镂空的窗板，门、窗均可开合。舆上搭一龟甲形篷盖，四周出檐，前后两舆罩于篷盖下。此车驾具齐全。两服马的颈上各负一轭，轭脚上连接一条单靳，两骖马胸前括约一根连接靳绳的环套形靳带，借以承力曳车。控御车马的鞍具有辔、缰、胁驱、勒、策等。止车的工具有车轫和车掌。

◆ **制作工艺和艺术特色**

两车制作方法相同：先将各零部件分铸，再采用铸接、焊接、铆接、镶嵌、销钉固定、子母扣连接等方法，把众多的零部件组装成一体。主要零部件用青铜制作，一些小的采用金银。车马造型规整，制作技艺精

湛，细部处理真实具体。如：御官俑的手指关节、指甲，马的口腔细部，逼真且富于质感；车的轮、舆、衡、轭及众多附件等制作精细；以细铜丝绞结而成的璎珞，柔韧而有弹性。两车通体彩绘，装饰华丽。以白色为基调，施以朱红、粉红、紫、蓝、绿、黑等色。图案花纹多作二方连续或四方连续式，以菱形纹为主，辅以卷云、圆形、三角形等纹样。彩绘与金银制作的小型构件、装饰品相配合，形成华丽、庄重、典雅的艺术效果。

两件铜车马造型逼真，与实物极为相似，复原后又极其完整，是秦代造型艺术的珍品。它们为研究古代车制提供了实物例证，澄清了古代车马系驾方法上的一些问题，对研究秦代的冶金技术、宫廷舆服制度也有重要价值。

曲刃青铜剑

曲刃青铜剑是中国西周至秦汉时期东北及邻境地区青铜兵器，又称东北系短剑、辽宁式短剑、琵琶形短剑等。西周中晚期即已出现，一直延续到秦汉之际或西汉初。广泛分布于内蒙古东南部、冀北、辽宁、吉林和朝鲜半岛等地。

曲刃青铜剑的基本特征是：剑身双侧刃部呈弧形曲线；一般有突出的节尖和内束的凹腰；剑脊均为柱状，有的有脊突隆起。此类青铜剑又可分为短茎式、銎柄式和匕首式三种类型。其中短茎式最为常见，有的配有青铜剑柄和石质把头。剑身、丁字形剑柄和加重用的把头先分别制作，然后组装成完整的剑。有证据表明没有铜柄的短茎式曲刃剑原来大都配有木质或其他有机质的剑柄。这类曲刃剑的短茎颇具中原风格，与青铜镞、矛上的短茎以及青铜戈的短内使用方法十分接近，都是将器身的一部分穿入木质或其他有机质的柄部之内。銎柄式较少见，是由柱脊延伸至銎，并在銎内加以木柄。匕首式最为少见，剑身与柄均为青铜且一次铸成，柄部的形状有很多样式。

曲刃青铜剑分布地域广阔，延续时间长久，是北方考古学文化共有的器物。这类短剑，尤其是装有青铜柄和石质把头者，不仅比较实用，而且礼仪化程度较高，是周代东北邻境地区诸多族群共同使用的一种最重要的标志性青铜兵器，也充分反映了中原青铜文化对东北地区的影响。

正定铜佛

正定铜佛是中国古代遗留下来最高的青铜佛像，又称千手千眼观音。铜佛位于河北省正定县隆兴寺大悲阁内，高 22 米，重约 76 吨，有 42 臂，分别执日、月、净瓶、宝杖、宝镜、金刚杵等法器。隆兴寺建于隋开皇（581～600）年间，原有金铜佛像一座，被后周世宗毁以铸钱。宋代开宝四年（971）重新铸造金铜佛像。铸造碑文记载，建造铜佛时，掘地基"至于黄泉"，用礓砾、土石、石炭和土分层打结，留"海子"（底座）深 6 尺，长 40 尺，宽 40 尺，海子内栽七根熟铁柱，每根由七条"铁笋合就"，上面用铁条固定，海子内浇铸生铁。佛像分七次铸接而成，"第一度先铸莲花台座，第二度铸至脚膝，第三度至脐轮，第四度至胸臆，第五度至腋以下，第六度至肩膊，第七度至头顶"。这是一尊千手千眼佛，中空泥芯与外范用铁条连接固定，铜佛表面涂漆，脸和某些部位贴金。正定铜佛反映了当时的冶铸技术已经相当娴熟。宋代铸造时 42 臂均是铜铸，雕木为手，而现在仅当胸合掌的两臂为铜质，像体两侧的 40 手臂已在清代换为木制。

永乐大钟

永乐大钟是中国明朝永乐（1403～1424）年间铸造的大钟，是中国已发现的最大的青铜钟。原在北京德胜门铸钟厂铸成，后移入城内汉经厂，明万历（1573～1620）年间移置西郊万寿寺，清雍正十一年（1733）移置觉生寺（今俗称大钟寺），悬挂于大钟楼中央巨架上。

铜钟通高 6.75 米，钟肩外径 2.4 米，口沿外径 3.3 米。大钟壁厚度不同，最薄处在钟腰部，厚 94 毫米；最厚处在钟唇部，厚 185 毫米。重约 46.5 吨。钟体内外遍铸阳文楷书佛教经咒 17 种，约 23 万字，字体工整，古朴遒劲，相传是明代书法家沈度的手迹。永乐大钟声音振动频率与音乐上的标准频率相同或相似，轻击时，圆润深沉；重击时，浑厚洪亮，音波起伏。声音最远可传 45 千米。每逢节日，永乐大钟鸣钟三次，钟声悠远。永乐大钟合金成分为：铜 80.54%、锡 16.40%、铅 1.12%。大钟是用泥范法铸造。钟身用圈形外范分七层，逐层与范芯套合，至钟顶部，将先铸成的蒲牢（钟纽）嵌入，浇铸后成为一体。

第 3 章

藏在遗址里的青铜器

二里头文化青铜器

二里头文化青铜器是中国二里头遗址出土的青铜器，是以河南省偃师市二里头遗址命名的同类型文化遗存出土的青铜器。二里头文化年代约当公元前 21 ～前 16 世纪。可分为 4 期，已发现的青铜器大部分属于第三期。

二里头文化青铜器的年代，有夏代晚期和商代早期两种不同看法。在这个遗址的晚期堆积中，曾发现过一些小件青铜器。1973 年第一次在第三期堆积层中出土了一件青铜容器爵，以后又陆续有所发现。

二里头遗址的青铜器包括生产工具、兵器、礼器、乐器和装饰品。生产工具有刀、锛、凿、锥、鱼钩等。武器有戈、戚、镞。戈的形式为直援曲内，无阑，曲内后端有花纹。礼器有爵、斝。爵的数量较多，束腰、平底、锥足，较早的素面无柱，具有浓重的陶爵特征，较晚的陶器特征显著减退，有小柱，有的施简单花纹或镂空，说明曾经历了长期的发展和变化过程。斝为素面敞口，口沿上有两个三棱锥状矮柱，单把，束腰平底，三条腿下呈三棱锥状，上部微显四棱。乐器有单翼小铃。装饰品有兽面铜牌，其中有一件用 200 多块绿松石镶嵌而成，具有较高的工艺水平，一向为中外研究者所重。二里头遗址还发现了铸铜的坩埚、陶范、铜渣等，东下冯遗址发现有铸器的石范。工具多用单范和合范铸成，而爵和斝则用陶质块范铸造，工艺比较复杂。据测定，一件铜爵的合金成分为铜 92%，锡 7%，属于典型的锡青铜。

二里头遗址出土的青铜容器是已知中国最早的青铜容器，爵和斝的胎质都很薄，整治不精，多无花纹，或有简单的乳钉纹，反映了早期青铜器的特点。

二里头文化青铜器的发现，使若干传世的同时代青铜器的年代得以确认，并可以此为基础，对中国青铜器的起源进行深入探索。

清江商代青铜器

清江商代青铜器是中国江西省樟树市吴城村商代遗址出土的青铜器。

吴城遗址于 1973 ～ 1974 年由江西省博物馆和北京大学考古专业等单位发掘。遗址文化堆积分 3 期，第 1 期与郑州二里岗上层接近，第 2 期与安阳殷墟早期相当，第 3 期相当于殷墟晚期和西周早期。第 1 期经正式发掘的青铜器只有青铜刀 1 把，直刃，尖上翘。另有采集的凤首盖 1 件，盖面周沿饰勾连云纹一圈，把手周围有变形云纹构成的图案，纹道较宽，无底纹。第 2 期青铜器有斝、锛、凿、戈等。斝体较矮，平底短柱，三足截面呈三角形，腰和腹部施联珠纹、变形云纹和目纹；锛和凿均作长条形，近銎部有兽面纹和三角纹；戈为长援、直内，有阑，与石戈同。同期还发现很多铸造铜器的石范,可看出铸造器形的有斝、戈、镞、矛、钺等。第三期未发现青铜器,仅有少量石范出土。但在锄狮垴遗址中曾出土 2 件鼎,腹均作盆形,有棱脊,饰单层兽面纹和联珠纹。其中 1 号鼎立耳上有一虎,三足作变体虎形;2 号鼎立耳上有一鸟,三足作变形体鸟形。此外,属吴城文化三期的都昌县大港乌云山遗址曾出土一件甗,深腹直壁,口下有弦纹 3 道,内装有锸、斧、锛等。清江商代青铜器虽然出土数量不多,但其中如凤首盖等,具有浓重的地方风格,而斝、鼎、甗则具有典型的商文化特点,对于研究南方青铜器的特点,以及商文化和当地土著文化的交融,具有重要意义。

盘龙城商代青铜器

盘龙城商代青铜器是中国湖北省武汉市黄陂区盘龙城商代遗址及其周围的杨家湾、王家嘴、楼子湾、李家嘴等商代墓葬出土的青铜器。1954 年首次发现,1974 年、1976 年由湖北省博物馆、北京大学考古专业两次进行发掘。盘龙城商代青铜器的发现,对于了解商代早期青铜文化的分布、方国青铜器的发展等具有重要意义。

盘龙城地区的商代早期随葬青铜器的墓葬主要集中于李家嘴一带。李家嘴 1 号、2 号商墓均为大墓,其中 2 号墓未经扰乱,随葬青铜礼器有鼎、簋、鬲、甗、罍、盉、斝、瓠斝、盘等,共 23 件,还有钺、戈、矛、刀等兵器。其陪葬墓也随葬有刀、锛、凿、锯、镞等青铜工具和兵器。属墓主的爵、斝皆 5 件成套,是迄今所见商代早期墓葬中成套爵、斝等级最高的,为商代铜器组合中所少见。楼子湾、杨家湾一带为小贵族和平民的墓葬，随葬礼器的数量一至数件，器种有鼎、斝、爵、觚、鬲等。盘龙城商代青铜器的纹样和形制属典型的二里岗上层风格。爵一律为扁体平底，流狭长，但同时出土了迄今仅见的管流爵一例，柱有短低矮的菌状和钉子状两种。觚、尊、罍等圈足器的足部均有大亚形孔或大方孔，有的罍还在圈足边沿留有数道缺口。纹饰的主体花纹为变形兽面纹，双目圆大，线条粗犷。雷纹和连珠纹也比较多见。

　　盘龙城商代青铜器的铸造工艺、合金成分以及随葬习俗等均与黄河中游的二里岗上层文化相一致，证明商代早期青铜文化已分布到此地。但若干当地传统的文物遗存与上述青铜器并存，又说明它是商代早期某个方国的遗物。

新干大洋洲商墓铜器

　　新干大洋洲商墓铜器是中国江西省新干县大洋洲镇商代大墓出土的青铜器。1989 年出土，共计 475 件。包括炊器鼎、鬲、甗，食器簋、豆、匕，酒器罍、瓿、卣、壶、瓒、勺，兵器戈、钺、矛、刀、镞、胄，工具斧、锛、钻、凿、刻刀，农具耒、耜、犁、镰，乐器铙，杂器杖首、炭箕、厨刀等。其中不乏重器。例如方鼎通高 97 厘米、重 49.2 千克，大铙通高 110 厘米，重 78 千克。未见觚、爵、角等中原礼器，却有大铙、犁、镰等具有显著南方特征的乐器与农具。绝大多数器类形制多样，精于装饰。仅夔形扁足鼎一类有大小各不相同者 30 余件。纹饰虽类似商王朝铜器以兽面纹为主，但兽面纹的表达不如典型的商器准确。许多器物，尤其是鼎、甗口部常见圆雕的立虎和伏虎，凸显特色。其中一种弧刃刀，或与南方多见的靴形钺有关，而长方形无柄刀可能脱胎于当地文化中的陶刀。大洋洲商墓铜器的年代大致相当于商王朝中期偏晚阶段，至迟不晚于殷墟一期，早于妇好墓青铜器。赣江中游地区年代相近的青铜器曾见于吴城遗址，年代略早者则有相距约 8 千米处的中棱水库青铜器。包括大洋洲商墓青铜器在内的多批铜器的发现，应与牛城遗址、吴城遗址相关。鉴于新干大洋洲商墓位置相对更邻近牛城遗址，且都处在赣江东岸，更可能与牛城互为都与陵的关系。殷墟甲骨文曾记录商朝大将望乘"途"虎方。新干大洋洲商墓青铜器中，以虎形圆雕装饰器耳的现象十分普遍，还出土过单体驮鸟双尾卧虎大型圆雕。墓内 1 件双面神青铜人像更是以两条虎尾装饰额头，甚至 1 件铸制精良的青铜钺也出现虎耳。这些现象显示新干大洋洲商墓的墓主很可能是江南虎方的某位国王。这批青铜器表明，三千多年前的赣江流域已经迈向了与中原商王朝密切关联、并行发展的王国阶段，进入中国青铜文化的鼎盛时期。

益都苏埠屯青铜器

　　益都苏埠屯青铜器是中国山东益都苏埠屯村出土的商晚期青铜器。

　　1965～1966 年，山东省博物馆在益都（今青州）苏埠屯村发掘了 4 座商代墓葬和 1 座商代车马坑。其中 1 号墓规模之大，殉人之多，仅次于河南安阳武官村大墓，是商王陵以外最大的商代墓葬，可以认为墓主人的身份是仅次于商王的方伯。但此墓曾被盗掘，墓内残留铜器有鼎、斝、爵、矛的残片及钺、戈、镞、铃、斧、锛等。内有 2 件铜钺，器身透雕人面形纹饰，作双目圆睁、张口露齿状。一件长 31.7 厘米，宽

35.7厘米；一件长32.5厘米，宽34.5厘米，形体巨大，为铜兵器中罕见。在其中一件钺的正反两面，各有一个"亚醜"铭文，另外在一件铜爵残片和一件铜锛残片上，也都有"亚醜"铭文。早在1931年，苏埠屯村就曾出土两组铜器，其中一组有鼎、爵、瓿、觯、斗等，在觯的圆足内也发现有"亚醜"铭文，《山东金文集成》辑录苏埠屯出土的6件铜矛，也都有"亚醜"铭文。此外，在传世青铜器中，还有不少有"亚醜"铭文，但多无确切的出土地点。由于苏埠屯村屡次出土"亚醜"青铜器，所以有人设想这里可能是"亚醜"族的墓地。据文献记载，商末周初这一带为薄姑氏所居，因而这批青铜器应该是薄姑氏的遗存。

喀左西周青铜器

喀左西周青铜器是中国辽宁省喀喇沁左翼蒙古族自治县出土的西周青铜器。辽宁省喀喇沁左翼蒙古族自治县（简称喀左县）所在的辽西大小凌河流域历来是出商周青铜器的地区，喀左县所出尤多。据传1941年在喀左咕噜沟村曾出土大鼎，1955年以来先后6次在马厂沟、北洞、山湾子、小波汰沟等地发现了铜器窖藏，所出铜器大都为西周初年燕国祭祀山川时埋藏的礼器。种类有鼎、簋、甗、盂、罍、卣、壶、盘、尊等。大部分器形表现出西周初期铜器的特征，间或也有商末的铜器，如所出簋已有方座双耳。有的铜器带有地方特征，如鸭形尊即为中原周器所未见。喀左西周青铜器多有铭文，重要的如匽侯盂、斐方鼎、伯矩甗、圉簋等。铭文内容大都与北京房山琉璃河西周燕国墓地发现的青铜器铭文有十分紧密的联系，如两地所见都有匽侯，且字体一致，都有"侯亚"

和"伯矩"以及圉器，证明周初燕国的势力范围已经达到辽西地区。

杨家村青铜器

杨家村青铜器是中国西周时期青铜器。杨家村位于陕西省眉县渭河北岸台地上，属周原文化区的核心区域。1949 年以来青铜器窖藏的发现共有四次。1956 年，杨家村出土成王时期的 2 件方尊和 2 件驹尊，记载了西周时期军队的部署和畜牧业的发展情况；1972 年，杨家村西北方出土一件重 78.5 千克的大鼎，记述成王时期土地馈赠的事件；1985 年，杨家村出土一套西周编钟和逨钟。2003 年，杨家村发现一座保存完整的西周铜器窖藏，共出土 27 件铜器，计有鼎 12 件，鬲 9 件，壶 2 件，盘、匜、盉和盂各 1 件。其中最大的铜鼎是四十二年逨鼎，通高 57.8 厘米，铸铭 25 行 280 字。27 件铜器都有铭文，总字数达 4048 字，记载了文、武、成、康、昭、穆、恭、懿、夷、厉、宣等周王的名称、位次和有关事件，是记载历代周王名号最多的一次发现。尤其是铜盘和12 件铜鼎的铭文，记述了文王、武王至厉王、宣王计 12 代周天子的业绩和单氏家族 8 代人辅佐王室伐商纣、建周邦、征荆楚、讨猃狁、管山林，因功受册封赏赐等重要活动和事迹，为研究西周历史提供了重要的实物资料，对于认识单氏家族史及研究周王朝与西北少数民族的关系等提供了重要材料。

安州六器

安州六器是中国西周时期青铜器。传北宋重和戊戌年（1118）德安府孝感县（今湖北省孝感市）出土，共 6 件，计方鼎 3 件、圆鼎 2 件和瓹 1 件。因出土地在南朝时属安州，故称。据赵明诚《金石录》卷十三《安州所献六器铭》跋所记，铜器是农民耕田时发现的，形制精妙，款识奇古，由州府献于朝廷。薛尚功《历代钟鼎彝器款识法帖》亦记载安州六器的器类和数量，"凡方鼎三、圆鼎二、瓹一，共六器"。关于安州六器的器类和数量，后世存有疑义，学界多认为赵明诚和薛尚功的记载最为可靠。

安州六器今已全部遗失，六器中仅存五器铭文，另有一件圆鼎铭文暂不可考。铭文记述有周昭王南征楚蛮的史事，据考证，作器人是曾跟随周昭王南征的贵族"中"。铭文中也记叙有"中"得到周昭王封赏的场景。如中方鼎记述昭王十六年伐楚，曾命贵族"中"先行巡省南国，设王之行所，并得到昭王封赏，或记卦象；中方瓹记述"中"巡省的路线；另一件中方鼎铭记昭王十六年伐楚获胜归来，赏"中"采邑。安州六器的铭文，是研究西周历史、地理和数术的重要资料。

浑源彝器

浑源彝器是中国春秋末期铜器群。1923 年 2 月于山西浑源县西南的李峪村被盗掘出土，实出器类和数量不详。其中部分已流往国外，国内尚存的现多藏于上海博物馆，法国巴黎吉梅博物馆也有收藏。

浑源春秋时期属代国。出土铜器以容器为主，已知有鼎、敦、瓹、盘、匜、豆、牺尊、盉、壶等，还有戈、匕、剑、车马具、带钩等。这批铜器均无铭文，但工艺精巧别致，造型和花纹具有独特的风格。其中温酒牺尊作牛形，在项、背、臀三处各有一圆形孔洞，彼此相通。背孔可纳入一铜质盛酒圆桶，前后二孔可注热水以温酒。这是目前所见春秋时代唯一的温酒牺尊。浑源彝器与 1952 年河北唐山贾各庄东周墓出土的春秋晚期燕国铜器颇多相似，共同反映出春秋晚期北方燕代地区青铜手工业的生产水平和青铜器的基本特征。1936 年，出版有《浑源彝器图》一书，收录所出 27 器。

温酒牺尊

金村铜器

金村铜器是中国河南省洛阳市金村古墓出土的东周青铜器。1928 ～ 1932 年，洛阳市今汉魏古城东北隅的金村有 8 座古墓被盗，出土文物数千件，被称金村文物，其中包括大量铜器。此批文物后经加拿大人怀履光等人之手流失海外。现分藏于加拿大、美国等国博物馆。1934 年，怀履光出版《洛阳故城古墓考》一书，收录他认为出自金村古墓的文物 392 件。其中有青铜跪坐人像、鎏金铜车马器、承弓器等。

怀履光等曾认为此批铜器出自公元前 6 世纪三家分晋前的某位韩君的墓葬。近年经学者进一步研究，推测应是东周时期周天子墓葬的随葬品，因而可能是目前发现的仅有的一批周天子器物。该批铜器的出土与流失，反映了 20 世纪初中国文物被盗掘并大量流失海外的现象。

新郑彝器

新郑彝器是中国春秋晚期郑国铜器群，1923 年出土于河南省新郑市。推测为一座大墓的随葬品。大部分器物现藏河南博物院。已知的出土铜器共 104 件，包括钟、镈、鼎、鬲、甗、敦、簋、簠、尊、罍、壶、舟、鉴、盘、匜、炉和兵器、车马器等。其中有大牢九鼎、七鼎各一套，八件铜簋自成一组，与礼书所记用鼎及鼎簋相配制度颇相符合。可知此墓墓主是郑国的一位高级贵族。出土的王子婴次炉有铭文曰"王子婴次之欸卢"，此炉的器形、花纹、字体具有明显的楚器特征，与同墓的其他器物有较大的区别。有人认为，此炉为楚国令尹子重（《春秋》称之为王子婴齐）所作，于鲁成公十六年（公元前 575）鄢陵之役楚师兵败后遗于郑地。由此证明，这批铜器的年代在前 575 年鄢陵之役以后。新郑彝器中的莲鹤方壶壶底圈足下饰欲奔之双兽，盖上骈列层层莲花瓣、正中立一展翅欲飞之鹤，造型新颖，突破商周以来凝重奇诡的传统，可视为东周青铜器艺术驱陈纳新之代表作。

南越王墓青铜器

南越王墓青铜器是中国西汉时期南越国君赵眜墓所出青铜器。赵眜是南越第二代王，卒于西汉元朔末或元狩初年（前122）前后。其墓位于广东省广州市越秀区解放北路的象岗山上，1983年被发现并发掘。出土青铜器数十种上千件。分藏于墓道及外藏椁、前室、东西耳室、主棺室、东西侧室、后藏室中。器类有印章、鼎、錾、勺、烤炉、釜、甑、提筒、盉、壶、蒜头壶、鉴、銷、盆、灯、铎、钮钟、甬钟；钫、瓿、熏炉、锯、锥、戈、剑、弩机、镞、铅弹丸、伞柄箍、盖弓帽、镜、带钩、牌饰、杵、臼。包含炊器、食器、乐器、兵器、工具、水器、车器、服饰以及一些起居生活用器。器物放置时有一定规律。如容器集中放置在后藏室，钮钟、甬钟等乐器放在东耳室，车器在前室，铜镜、带钩在西侧室。暗示器物与墓葬空间的功能分配。

南越王墓的青铜器，来源十分丰富。中原式鼎、越式鼎、秦式蒜头壶，以及具有典型岭南特色的提筒等并见于墓中，显示出中原文化、越文化、秦文化、巴蜀文化在西汉早期的岭南地区混杂出现。在多种文化因素中，南越文化表现出主导或改造中原文化的趋势。除输入品之外，更多的是自铸器，部分器物保留有"蕃禺""蕃""少内"等铭刻文字。一些铜鼎上刻"二斗二升""一斗二升少半""重廿八斤，容六斗大半升"等，体现了青铜器使用上的本地特点。这些南越文化因素是赵佗"和集百越"民族政策在青铜器上的反映。

南越王墓青铜器在年代上具有早、晚杂糅的特点。许多年代更早的旧器被带入随葬品中，反映了南越国保守的一面。与中原地区相比，南越王墓青铜器制作工艺相对落后。如二分范被用来铸造大型容器，浇口的不断选择，一些提筒上还能看到铸造缺陷。可见南越国独立后，其铸造技术也未能跟上中原的步伐。

南越王墓青铜器年代明确，能够建立起器物特征与铸造时间的新关系，为两广秦汉青铜文化的研究建立了更理想的分期标尺。青铜器所反映出来的来源复杂性、时间叠加以及技术滞后等现象，反映了两千多年前中原文化进入岭南、统治并开发岭南的真实历史。

第**4**章

青铜器制作工艺

范铸法

范铸法是用范组合成铸型进行浇铸的方法。早期的范只能铸一件器物，商代中期发展到一范可铸多件，春秋时期有可重复使用、器形简单的泥范。范铸法具有铸接、铸焊、铸镶等多种工艺形式：①铸接。在器体上加铸附件，或先铸出附件再和器体铸接，如商代的四羊方尊。②铸焊。把分铸的部件用铅锡合金或铜铸焊在一起，成为成型铸件，如春秋时期的莲鹤方壶。③铸镶。将预铸的花纹状红铜片安放在范内，浇铸器件时镶铸在器件表面。经磨砺抛光，铜片呈现和器件不同的色泽，具有装饰效果。

失蜡法

失蜡法是古代金属铸造的一种方法，又称脱蜡法。用蜡制成模，外敷造型材料，成为整体铸型。加热将蜡化去，形成空腔铸范，浇入液态金属，冷却后得到成型铸件。此法属于"熔模铸造"范畴，在古代多用于铸造具有复杂形制的铸件。埃及早在公元前第三千纪中叶已用失蜡法铸造金属饰物，古代印度、希腊用失蜡法铸造出精美生动的青铜像。公元 16 世纪初，意大利著名匠师 B. 切利尼详细记述了失蜡铸像的工艺过程和所用工料。

中国已知最早的失蜡铸件，是河南淅川出土的春秋晚期（约前 6 世纪）铜盏部件和铜禁。湖北随县出土的战国初期（约前 5 世纪）的曾侯乙尊盘透空附饰，空间结构繁复齐整，铸作精致。这些器件独具的技术特点和艺术风格表明制造这些铸件所用的失蜡法是中国古代铸师独立创造的。战国以后，失蜡法的应用范围逐渐扩大，除鼎、彝外，还用于铸造印玺、乐钟、佛像，以及少数民族地区的贮贝器、饰件等。唐初铸开元通宝，曾以蜡模进呈，可能用于铸造样钱。

传统失蜡法的具体工艺记述，首见于宋赵希鹄《洞天清禄集》。元代设失蜡提举司，专管失蜡铸造。失蜡法在长期应用过程中，发展出多种工艺类型。用拨塑的方法制作蜡模的，在明清时期称为拨蜡法。现存北京故宫博物院、颐和园的铜像、铜狮等，代表着明清时期拨蜡法的技艺水平。万寿山铜亭的部分构件也是用拨蜡法铸造的。由文献档案和实地调查得知，模料为蜂蜡、石蜡和松香，用植物油调制，经反复拉拔得到良好的塑性。造型时用澄泥浆、纸浆泥或马粪、麻刀泥分层涂挂。中、小型铸件在窑中化蜡、焙烧、趁热浇注。大型铸件，如《天工开物》载"万钧钟"，用地坑造型，模料由蜡和牛油配制，造型材料用石灰三合土和炭末泥，所用蜡料和铜料的比为 1∶10。金属液通过槽道浇注。对于批量大的器件，为提高工效，先把蜡片在样板上压印出花纹，再拼接成模。《宣德鼎彝谱》载明代铸宣德炉用黄蜡作模坯。有些鼎、炉需

采用失蜡法铸造的颐和园铜狮

要量大，当已采用此法。大量史实表明，失蜡法在中国延续不断地应用，至近代仍广泛流传于北京、山西、内蒙古、江苏、广东、云南、青海、西藏等地区。佛山、苏州等地现仍用上述传统技法制作艺术铸件。

错金银

错金银是中国传统的金属表面装饰工艺，又称金银错。包括错金、错银和金银同错。错金银是利用金、银良好的塑性和鲜明的色泽，锻制成金丝（片）、银丝（片），嵌在金属器物表面预留的凹槽内，形成文字或纹饰图案，多用于铜器表面装饰，也用于铁器装饰。

错金银兴起于春秋中晚期。首先出现的是错金工艺，用于错嵌铭文。至战国时期错金银工艺水平更加成熟。山东曲阜战国墓出土了金错银带钩、金错铜带钩和金错铁带钩，山西长治分水岭出土了金错夔纹铜豆，通体饰金错夔龙纹、垂叶纹、花瓣纹等。战国晚期错金银工艺使用的范围更加广泛，除了器皿类，还在铜镜、乐器等上出现。汉代继承了战国时代错金银工艺的繁荣。河北满城汉墓出土有错金博山炉、错金书刀和错银豹、错金银鸟篆文铜壶等。《汉书·食货志》记载："错刀以黄金错其文。"

错金银的工艺包括：①制槽。在金属器物表面按花纹、图像、文字铸或刻凹形槽，在槽的底面刻凿出麻点，以使嵌入的金属能牢固地附着。②镶嵌。将金丝或金片凿截成所需要的大小、形状，嵌入槽内，捶打压实。③磨错。用厝石（即磨石）将嵌入金属磨平，再用皮革、绒布蘸清水反复磨压，使表面光滑明亮、花纹清晰。据有关学者研究发现，错金银工艺还有另外一种方法，即在金属器凹槽内涂以金泥（金汞剂），金泥可以随意加厚，经过几次可以把凹槽涂平，用开水将酸冲掉，在备好的炭火上轻轻地烘烤，使水银慢慢地蒸发，将金泥烤干。器物冷却后，用刷子蘸皂角水清洗，而后用厝石磨细。若金泥欠丰满，刷洗干净后，再进行第二遍操作，直至填满花纹为止。现代修复错金银器物采用了这个方法。

错金银鸟篆文铜壶（西汉，满城陵山中山靖王刘胜墓出土）

错红铜

错红铜是古代金属表面装饰工艺。红铜可与氧化后的青铜形成色彩反差，产生艺术效果。错红铜有镶嵌法和铸镶法两种工艺。镶嵌法是将红铜片或红铜丝嵌入青铜器沟槽内，磨错而成；铸镶法是将准备好的红铜纹饰，预先放到器物的铸范内，当器物铸成后，经过打磨，红铜花纹就显露出来。

中国错红铜出现在商晚期，春秋晚期和战国早期开始盛行。错红铜的图案分为 3 类：①纹饰为用红铜片镶嵌的鸟兽纹，兽多是龙和鹿的形象，鸟、兽之间界以几何形的云雷纹、菱形纹等，代表器物有河北唐山贾各庄出土的镶嵌狩猎壶、豆等器物。②表现社会生活的图案，内容有建筑、宴乐、歌舞、狩猎、水陆攻战、战船、车马、采桑、田作等，代表器物有成都百花潭出土的宴乐渔猎

镶红铜蟠螭纹壶（战国晚期，上海博物馆）

攻战纹壶。③当时青铜器和错金器上常见的流云纹、云雷纹等，代表器物有河南陕县后川村出土的匜、鼎等。战国中晚期的错红铜器物虽仍有发现，但数量已经很少，而且与镶嵌绿松石、孔雀石等共用在同一器物上，如湖南湘乡出土的豆，通体饰勾连云纹、镶嵌红铜和绿松石。湖北随州曾侯乙墓出土的盥、缶、甬钟表面饰红铜花纹，采用了铸镶工艺。

鎏 金

鎏金是用涂抹金汞齐的方法镀金的一种金属表面加工工艺，又称火

镀金、汞镀金。鎏金技术在中国起始于战国，兴盛于两汉。汉代时称为"金涂"或"黄涂"。鎏金是将金和水银（汞）合成金汞齐，涂在铜（银）器表面，然后加热使水银蒸发，金就附着在器物表面不脱落。以银汞齐为原料，其工艺即为鎏银。

关于金汞齐的记载，最初见于东汉炼丹家魏伯阳的《周易参同契》。南朝陶弘景记载有鎏金技术："水银……能消金、银使成为泥，人以镀物是也。"明代方以智《物理小识》中对鎏金工艺有翔实的描述："以汞和金，涂银器上成白色，入火则汞去而金存，数次即黄。"早期的鎏金实物以小型鎏金铜器为多，如山西长治分水岭战国墓中出土的鎏金车马饰、河南信阳长台关楚墓出土的鎏金带钩、山东曲阜战国墓的鎏金长臂猿。在浙江、湖南、湖北、安徽等地也都有战国鎏金器出土。到汉代，鎏金技术已发展到很高水平，且出土鎏金器物的地域较广，数量也较多，不仅是小件器物，也出现大件的铜器。如河北满城汉墓中出土了很多精美的鎏金器物，其中鎏金长信宫灯以其优美造型和精湛的鎏金技术著称于世。隋唐时代鎏金器物数量更多，仅江苏镇江丹徒区出土的950件器物中，鎏金器物就占10%，多为银胎的盘、盒、碗、瓶等。自有鎏金器物以来，无论在中原地区或边远地区，也不管历史朝代的长短，均有数量不等的鎏金器物出现，说明鎏金这一金属表面装饰工艺具有很强的生命力，被广泛应用在兵器、车马器、礼器、生活用具、玺印、饰品及宗教造像等方面。

根据装饰部位不同，鎏金工艺可分为通体鎏金和局部鎏金。通体鎏金与金器很难区别，鉴别器物表面是否鎏金，主要看其表层是否含有汞；

局部鎏金通常在器物的花纹部分鎏金。

　　鎏金工艺分为四步：①配制金汞齐并用酸、碱溶液清理器物表面。金汞齐配法是先将黄金打薄剪碎，放入已经预热的坩埚内，再注入水银，使之合成膏状。金汞比为 1：5～1：7。②抹金。将配好的金汞齐用推压法均匀地涂覆在器物表面。③开金。即烘烤镀件，促进汞挥发，使黄金保留下来。④压光。目的是使镀层更为致密光亮。操作得当，镀层的颜色可长久不变。

　　鎏金技术一直沿用至今，如中国人民革命军事博物馆塔顶上的五星军徽、人民英雄纪念碑上毛泽东和周恩来的题字、毛主席纪念堂的题字等均有采用。

本书编著者名单

编著者 （按姓氏笔画排列）

马今洪	王　方	王　祁	田　率	丘亮辉
冯　峰	巩　文	仲　佰	华觉明	刘　婕
刘　毅	刘士忠	刘来成	汤文兴	汤毓赟
许若允	孙淑云	杜维钧	李　冰	李　松
李先登	李阳洪	李秀辉	李京华	李学功
吴坤仪	吴雪杉	张立东	张持平	陈　絜
陈公柔	陈坤龙	苗　霞	尚　刚	罗世平
岳洪彬	周　亚	周　博	侯卫东	贾洪波
高　明	郭家瑞	唐际根	黄德宽	曹婉君
常淑敏	韩汝玢	景蔚岗	阚惠华	潘建明